山东耕地质量评价与应用丛书

岱 岳 耕 地

马文丽 王鹏 主编

山东大学出版社

《岱岳耕地》编委会

前　言

土地是人类赖以生存的基础，而耕地是农业生产的前提条件，只有珍惜土地、合理利用土地、切实保护耕地，才能促进经济的可持续发展。1979 年，全国开展了第二次土壤普查工作，掌握了耕地资源状况、土地利用现状、土壤养分变化动态，为当时指导农业生产提供了科学依据。

2006 年，根据农业部统一安排，泰安市岱岳区开展了耕地地力调查与质量评价工作，对耕地进行了准确"诊断"，查清了耕地基础地力状况、耕地土壤理化性状、环境质量、水资源状况以及障碍因素，"辨证施治"，为提出耕地资源合理配置建议、种植业结构调整规划、标准化生产意见、农田污染防治措施、可持续发展战略提供了科学依据。

泰安市岱岳区作为 2006 年全国耕地地力调查与质量评价县之一，根据《2005 年全国耕地地力调查与质量评价总体工作方案》及《全国耕地地力调查与质量评价技术规程》的要求，精心组织，科学谋划，严谨务实，勤奋工作，较圆满地完成了本次耕地地力调查与质量评价工作，并取得了一系列的成果。先后对岱岳区 $63168hm^2$ 耕地进行了调查取样，共布点 7073 个，化验分析土壤有机质、全氮、碱解氮、有效磷、速效钾、缓效钾、有效硫、有效锌、有效铜、有效钼、有效铁、有效硼、有效锰及 pH、土壤容重等 19 个项目，共计 39425 项次，共调查农户 450 户，对他们的生产情况按照要求进行了详尽的调查，掌握了第一手资料。通过系统分析，获得了翔实的数据，形成了岱岳区耕地地力调查与质量评价工作报告、技术报告、专题报告，绘制了岱岳区耕地地力等级图、养分等级图、测土配方施肥分区图等重要图件 22 幅，建立了岱岳区耕地资源管理信息系统和测土配方施肥专家咨询系统。

泰安市岱岳区耕地地力调查与质量评价工作是在山东省土肥总站具体指挥和指导下完成的。在项目实施过程中，岱岳区委、区政府在组织协调、人力、物力等方面给予了大力支持；岱岳区环保局、国土规划局、水利局、农经局、气象局等部门，在数据、图幅提供方面给予了积极配合；山东农业大学帮助化验分析了多批样品;山东天地亚太国土遥感有限公司帮助完成了图件数字化及地力评价成果图的绘制,在此一并表示诚挚的感谢。

在山东省土肥总站、泰安市土肥站和岱岳区委、区政府的领导下,本书的编著者们以严谨的科学态度和认真负责的工作精神,力求内容准确、严谨,但受水平所限,加之时间仓促,错误之处在所难免,殷切希望各级领导和农业科技战线的同行批评指正,以便进一步修改提高。

(注:本书调查数据自 2006 年起截至 2009 年。)

编　者

2013 年 7 月

目　录

第一章 自然与农业生产情况

泰安市岱岳区位于鲁中地区，位于北纬 35°52′～36°28′、东经 116°50′～117°29′，是 1985 年泰安地区建市划区时设立的县级行政区，2000 年 4 月由泰安市郊区更名为泰安市岱岳区。现辖粥店、天平、北集坡 3 个街道办事处，山口、大汶口、黄前、祝阳、范镇、角峪、徂徕、良庄、房村、马庄、满庄、夏张、道朗 13 个镇，下港、化马湾 2 个乡，共 710 个行政村，总人口为 97.5 万，总面积为 175000hm²。

第一节 自然条件

一、气 候

岱岳区气候属暖温带半湿润大陆性季风气候，其气候特征是四季分明，变化显著，冬季寒冷少雨雪，春季干燥多风沙，夏季炎热多雨，秋季天高气爽。由于地势起伏较大，气候的地域性差异也十分明显，总的趋势是：气温南部高于北部；降雨山区多于平原，东部多于西部；多刮东北、西南风。岱岳区年平均气温为 13.5℃～13.7℃，不低于 0℃的积温为 5000℃～5200℃，不低于 10℃的积温为 4500℃～4800℃，年平均无霜期在 200 天左右。年平均降水量为 789mm。降水量的季节分配不均，一般集中在夏季，夏季降水量占全年降水量的 65%，秋季占 14%，冬季占 4%，春季占 17%，所以具有春旱、夏涝、晚秋又旱的特点。

二、地形、地貌

岱岳区地处鲁中地区，环绕泰山周围，地势起伏较大，山区、丘陵、平原俱全。整个地形北高南低，大汶河由东到西贯穿全境，形成向北敞开的簸箕形。境内主要山峰为徂徕山，山脉东西走向，与泰山遥遥相对，北部以砂石、丘陵为主，东部和南部分别是泰莱平原和汶阳田。

全区地貌受断裂运动影响较大，根据外营力以及地表微形态的变化，可划分出 12 个微地貌单元：荒岭坡、岭坡梯田、沟谷梯田、坡麓梯田、近山阶地、缓岗地、倾斜平地、微倾斜平地、沿河平地、沿河阶地、河漫滩、水面。这些微地貌单元直接影响着土壤、水文、植被等自然因素以及土壤的水、肥、气、热状况。

三、岩石与母质

岱岳区山地、丘陵按岩石裸露情况，可划分为两大部分，境内东部为徂徕山，裸露岩石多为花岗岩，南部山地、丘陵岩石多为石灰岩。

土壤成土母质有六种类型：一是残积物，主要分布在徂徕山及其他山地丘陵区，残积物厚度、颗粒大小、性质有较大差异。由岩浆岩风化的母质颗粒发育成棕壤，由石灰岩和钙质砂页岩形成的风化物发育成褐土。二是坡积洪积物，一般分布在山丘下部的山坡梯田、坡麓梯田和沟谷梯田上，酸性母岩的风化物发育成棕壤和潮棕壤，石灰岩分化物发育成淋溶褐土或褐土。三是洪积物，多分布在山前的近山阶地和缓解地上，一般土体深厚，夹有砾石或粗砂等障碍层次，可发育成棕壤、潮棕壤、淋溶褐土、褐土、潮褐土等。四是洪积冲积物，多分布在倾斜平地或微倾斜平地上，土体深厚而肥沃，多发育为潮棕壤和潮褐土。五是冲积物，分布在沿河平地上，土体深厚，潜水埋藏较多，是潮褐土重要成土母质。六是湖相沉积物，集中分布在排水不畅的低洼地区，由于静水沉积作用，质地黏重，是砂姜黑土的成土母质。

四、河流及地下水

境内主要河流是大汶河及其支流。大汶河是黄河下游的支流之一，发源于新泰、莱芜东部山区，经该区流经肥城、东平，注入东平湖。入境水量为 $1.27622\times10^9 m^3$，出境水量为 $1.43312\times10^9 m^3$。大汶河在该区有五大支流，分别为牟汶河、瀛汶河、石汶河、泮河、柴汶河，都是季节性河道，多年平均径流量为 $3.95\times10^8 m^3$。径流量受降雨量控制，所以径流量年季变化均显著，季节性河流枯水期较长。地表水绝大多数呈中至微碱性，总硬度为 23～147mg/L，属于软—微硬水。河水、库水的水质都符合灌溉条件。

泰莱平原潜水多年平均埋深为 5.05m，变幅为 3.45m，出水量为 40～60m^3/h。汶阳田多年平均埋深为 3.3m，变幅为 2.87m，出水量为 60～80m^3/h，个别地区可大于 100m^3/h。平原地区潜水埋藏浅，土体发育完全，土壤水分状况良好。地下水质矿化度低于 0.5g/L。

五、植　被

岱岳区属于温带落叶阔叶林区，但由于人类长期的生产活动，原始的落叶阔叶林已被破坏殆尽，现有的耕地和林地都为次生植被。由于自然条件的差异，植被类型也不尽相同。山地多为林地，其中棕壤性土多生长松树，褐土性土多生长刺槐、臭椿、侧柏等，丘陵梯田薄层性土多生长荆棵、酸枣等灌木，平原区杂草以狗尾草、伏草秧为主。温带落叶阔叶林代表树种有刺槐、杨、柳、榆、泡桐、椿、楸树等。刺槐主要分布在徂徕山的阴坡、山沟及大汶河两岸的沙滩上；杨和柳广泛分布在平原和河流、道路两侧。此外，温带落叶阔叶林还有麻栎、枣、杏、桃、柿、苹果、梨、核桃、山楂等。山地、丘陵区草本植被以旱生草本植被为主，有狗尾草、翻白草、黄芩、鬼针草、蒺藜等。平原区有刺蓟、野艾蒿、狗尾草、伏草秧、灰菜、马齿苋、细叶米口袋等。低洼地有车前草、蒲公英、益母草、三棱草、稗草、老鸦爪、菟丝子等。河滩地有狗尾草、茅草、沙蓬、鸡眼草、白茅、节节草、薄荷等。坑塘水生植被主要为芦苇，共生草有稗草、三棱草、野豆子、野芹菜、白茅、香蒲、鸭舌草等。农田生长的田间杂草，多已失去自然植被优势，大部为再生力强的残存杂草。

第二节　农村经济与农业生产情况

党的十一届三中全会以来，勤劳、勇敢的泰安市岱岳区人民，在区委、区政府的正确领导下，积极适应现代农业发展的需要，以促进农民持续增收为目标，稳步发展粮食生产，大力发展特色优势产业，加快推进农业产业化，逐步发展成为粮食、蔬菜、果品、畜牧、苗木花卉、桑蚕等六大主导产业并举的结构形式，农业生产及农村经济取得了较快发展。特别是近年来，全区农村经济管理、粮食高产创建、农业产业化经营、高效农业发展、沼气生态农业建设等工作，走在了山东省乃至全国的前列，先后两次荣获全国粮食生产先进县(标兵)称号，被评为山东省农业产业化先进区。

一、粮食综合生产能力持续增强

2008 年，岱岳区粮食播种面积为 73133.3hm^2，总产为 55.6 万吨，平均单产为 7410kg/hm^2，粮食播种面积、单产、总产连续 6 年稳定增长。2007 年，省长指挥田实现玉米单产 16912.5kg/hm^2，创我国北方夏玉米单产最高纪录。2008 年，省长指挥田实现小麦单产 11444.4kg/hm^2，创山东省小麦单产之最；万亩小麦高产示范片实现平均单产 10191kg/hm^2，创全国小麦万亩单产最高纪录。

二、高效农业规模效益快速提升

岱岳区“一村一品”特色产业总面积为 30000hm^2，冬暖式大棚有 15 万个，“一村一品”专业乡镇有 4 个，符合农业部“一村一品”专业村基本条件的村有 68 个。全区有机蔬菜、绿色食品、无公害农产品认证面积分别达到 3300hm^2、32000hm^2 和 40000hm^2，38 种农产品通过国家无公害农产品认证，20 种农产品获得国家绿色食品标志，“泰绿”牌马铃薯、“泰山珍珠”牌西红柿、下港板栗等 5 种产品被认定为山东省名牌农产品。修订完善了《无公害蔬菜生产技术规程》《无公害蔬菜质量分级标准》等 6 项地方标准，建立了泰安市首家通过省级计量认证的农产品质量检测中心，可进行 74 种农药的农残检测，基本实现了蔬菜、水果常用农药检测项目的全覆盖。

三、产业化发展水平显著提高

目前，岱岳区规模以上农业龙头企业达 70 家，其中市级以上 20 家、省级 5 家，出口创汇型企业达 9 家，销售收入、利税、出口创汇等主要指标均名列泰安市前茅。

四、基础设施建设水平快速提升

一是农田水利设施不断完善。全区拥有水库、塘坝、机井、泵站等各类水利工程 1.5 万余处，耕地总灌溉面积为 53500hm^2，其中节水灌溉面积为 25400hm^2，有 6 座中型和 122 座小型水库。二是机械化水平较高。全区农机总动力达到 8.3×10^5kW，农机固定资产总值达 4.4 亿元。农用拖拉机有 10400 余台，其中大中型拖拉机 3230 台，小型拖拉机 7170 台。拥有小麦联合收割机 1500 余台，玉米联合收获机 635 台，其他配套机具有 1.7 万台(套)。全区小麦生产已全部实现机械化，玉米机械化收获达 70%，设施农业的机械化水平达 40%。三是农民生产生活条件进一步改善。全区测土配方施肥技术推广面积达 53300hm^2，农民亩均节本增收 50 元左右；全区沼气池总量达 1.2 万个，沼气池总量和测土配方施肥技术推广面积两项指标均列泰安市第一位；全面实现了村村通柏油(水泥)路、通客车，户户有电，农村自来水普及率达 93%。

第二章　土壤与耕地资源状况

第一节　土地利用现状

据统计，至 2008 年年底，泰安市岱岳区辖区内耕地面积为 63168hm^2，园地面积为 22502.01hm^2，林地面积为 31938.54hm^2，草地面积为 4455.91hm^2，城镇村及工矿用地面积为 21620.65hm^2，水域及水利设施用地面积为 10932.47hm^2，具体情况如表 2-1 所示。岱岳区农用地以耕地为主，其次是林地和园地，草地只占农用地面积的 2.31%。从目前农业用地结构及资源特点可看出，耕地和林地是岱岳区的主要农用地资源，传统种植业占较大的比例。

一、耕　地

岱岳区共有耕地 63168hm^2，占土地总面积的 38.83%。从土地利用地区分布看，因受自然条件、耕垦历史、种植传统和社会经济条件等诸多因素的影响，岱岳区的耕地在区域分布上主要集中在泰莱平原和汶阳田，而在丘陵及低山地区则相对较少，如黄前镇耕地有 570.55hm^2，仅占岱岳区耕地总面积的 0.9%。

二、园　地

岱岳区共有园地 22502.01hm^2，占土地总面积的 13.83%，主要分布在黄前镇、下港乡。

全区园地面积中，以果树种植最广、面积最大，共有果园 21469.45hm^2，占园地总面积的 95.41%。下港乡、黄前镇的果园面积最多，分别有 5478.45hm^2 和 5417.88hm^2，分别占全区果园面积的 25.51% 和 25.24%。茶叶面积较少，仅为 6.12hm^2，占园地总面积的 0.03%，主要分布在天平街道办事处、夏张镇、下港乡等低山区；全区桑园面积为 1026.44hm^2，占园地总面积的 4.56%，各乡镇(街道办事处)有零星分布。

表 2-1 **2008 年岱岳区土地利用现状分类面积汇总表**

行政区域	耕地(hm^2)	其中(hm^2)			园地(hm^2)	其中(hm^2)			林地(hm^2)	草地(hm^2)	城镇村及工矿用地(hm^2)	水域及水利设施用地(hm^2)	其他土地(hm^2)
		水田	水浇地	旱地		果园	茶园	其他园地					
岱岳区	63168	0	44488.1	18679.9	22502.01	21469.45	6.12	1026.44	31938.54	4455.91	21620.65	10932.47	8059.23
粥店街道办事处	394.58	0	268.06	126.52	1171.01	1165.8	0	5.21	4244.04	88.67	2390.88	404.02	175.2
天平街道办事处	1007.46	0	324.72	682.74	1464.6	1450.09	3.77	10.74	575.73	60.28	1436.53	442.42	416.33
祝阳镇	4126.84	0	3426.1	700.74	892.38	760.95	0	131.43	1175.94	52.35	874.39	525.99	468.11
范镇	3973.48	0	3913.57	59.91	80.8	21.09	0	59.71	458.05	13.07	1114.2	557.53	86.54
角峪镇	3321.52	0	1293.3	2028.22	206.81	184.65	0	22.16	411.81	156.56	710.34	608.55	567.64
徂徕镇	3780.45	0	3335.74	444.71	1421.71	1337.26	0	84.45	3560.22	558.61	1147.73	1176.8	828.89
北集坡街道办事处	3127.71	0	1610.06	1517.65	837.9	837.74	0	0.16	1997.99	22.5	2967.8	667.75	314.07
满庄镇	4505.06	0	3094.1	1410.96	622.63	555.31	0	67.32	1181.95	36.3	1724.89	942.94	412.62
夏张镇	6479.44	0	4537.86	1941.58	919.62	794.99	1.44	123.19	866.54	350.67	1159.56	559.46	602.88
道朗镇	4402.02	0	1690.98	2711.04	650.65	624.34	0	26.31	1923.97	653.3	891.61	358.01	1030.82
黄前镇	570.55	0	282.18	288.37	5418.78	5417.88	0	0.9	2456.7	159.52	605.61	679.22	291.4
大汶口镇	5673.34	0	5573.32	100.02	107.58	22.96	0	84.62	686.79	34.77	1373.9	772.11	140.29
马庄镇	3603.96	0	3600.41	3.55	124.93	30.08	0	94.85	244.91	0.1	700.81	517.69	13.78
房村镇	4047.94	0	3705.6	342.34	142.23	81.79	0	60.44	2170.11	180.37	1123.14	772.13	338.29
良庄镇	6979.87	0	4270	2709.87	99.92	93.8	0	6.12	2331.04	567.01	1142.04	951.94	484.79
山口镇	2728.83	0	2449.65	279.18	656.68	638.37	0	18.31	734.48	21.88	923.98	172.77	218.39
下港乡	1987.12	0	486.39	1500.73	5611.78	5478.45	0.91	132.42	4497.89	1194.55	612.73	366.28	765.05
化马湾乡	2457.83	0	626.06	1831.77	2072	1973.9	0	98.1	2420.38	305.4	720.51	456.86	904.14

三、林　地

岱岳区共有林地 31938.54hm^2，占土地总面积的 19.63%，主要分布在粥店街道办事处、下港乡、徂徕镇等。

四、草　地

全区共有草地 4455.91hm^2，占土地总面积的 2.74%，在各乡镇(街道办事处)均有分布，下港乡和徂徕镇面积最大。

五、城镇村及工矿用地

岱岳区共有城镇村及工矿用地 21620.65hm^2，占土地总面积的 13.29%。

六、水域及水利设施用地

岱岳区共有水域及水利设施用地 10932.47hm^2，占土地总面积的 6.72%，各乡镇(街道办事处)分布较为均匀。

七、其他土地

其他土地面积较小，仅为 8059.23hm^2，占土地总面积的 4.95%，各乡镇(街道办事处)有零星分布。

第二节　耕地土壤类型状况

耕地是农业生产必需的物质基础，而土壤是农作物赖以生存的基础，不同土壤类型有不同的特性和肥力水平，只有深入了解掌握耕地土壤类型状况、科学施肥，才能充分发挥土壤的增产潜力，使农作物优质高产。

按照全国第二次土壤普查分类系统，泰安市岱岳区耕地共分为棕壤、褐土、粗骨土、砂姜黑土 4 个土类，8 个亚类，19 个土属，63 个土种。其中褐土分布较广，粗骨土和棕壤次之，砂姜黑土较少。耕地土壤类型如表 2-2 所示。

表 2-2 岱岳区耕地土壤类型表

土　类	亚　类	土　种
褐土	褐土性土	薄层硬石底壤质砾石土钙质岩残坡积褐土性土
		薄层硬石底壤质砾石土砂页岩残坡积褐土性土
		薄层硬石底壤质砾石土钙质岩残坡积褐土性土
	淋溶褐土	沙壤表均质洪积物淋溶褐土
		沙壤表均质洪积物淋溶褐土
		沙壤表厚黏心洪积物淋溶褐土
		轻壤表厚黏心洪积物淋溶褐土
		中壤表厚黏心洪积物淋溶褐土
		轻壤表厚黏腰洪积物淋溶褐土
		轻壤表中层洪积物淋溶褐土
		沙壤表均质洪积冲积物淋溶褐土
		中壤表厚黏心洪积冲积物淋溶褐土
		轻壤表均质冲积物淋溶褐土
	褐土	轻壤表均质冲积物褐土
		轻壤表均质洪积物褐土
		轻壤表厚黏心洪积物褐土
		中壤表厚黏心洪积物褐土
		中壤表厚黏腰洪积物褐土
		轻壤表中层洪积物褐土
	潮褐土	轻壤表均质洪积物潮褐土
		轻壤表厚黏心洪积物潮褐土
		中壤表厚黏心洪积物潮褐土
		轻壤表厚黏腰洪积物潮褐土
		轻壤表均质洪冲积物潮褐土
		中壤表均质洪冲积物潮褐土
		中壤表厚黏心洪冲积物潮褐土
		轻壤表厚黏腰洪冲积物潮褐土
		轻壤表厚黏腰坡洪冲积物潮褐土
		轻壤表均质冲积物潮褐土
		松砂土均质冲积物潮褐土
		中壤表厚黏心冲积物潮褐土
		轻壤表厚砂腰冲积物潮褐土
		轻壤表厚黏腰冲积物潮褐土

续表

土　类	亚　类	土　种
棕壤	棕壤	沙壤表均质坡积洪积物棕壤
		轻壤表均质坡洪积物棕壤
		轻壤表厚黏心坡积洪积物棕壤
		轻壤表厚砂腰坡积洪积物棕壤
		沙壤表中层坡积洪积物棕壤
		轻壤表中层坡积洪积物棕壤
		沙壤表均质洪积物棕壤
		深位黏层轻壤层酸性岩坡洪积棕壤
		轻壤表均质洪积物棕壤
		轻壤表厚黏腰洪积物棕壤
		轻壤表厚黏心洪积物棕壤
		沙壤表厚黏腰洪积物棕壤
		轻壤表厚砂心洪积物棕壤
		中壤表厚黏心洪积物棕壤
	潮棕壤	轻壤表均质坡积洪积物潮棕壤
		轻壤表厚黏心坡积洪积物潮棕壤
		沙壤表均质洪积物潮棕壤
		轻壤表均质洪积物潮棕壤
		轻壤表厚黏腰洪积物潮棕壤
		沙壤表厚砂腰洪积物潮棕壤
		沙壤表均质洪冲积物潮棕壤
		轻壤表均质洪冲积物潮棕壤
		沙壤表厚黏心洪冲积物潮棕壤
		轻壤表厚黏心洪冲积物潮棕壤
粗骨土	酸性粗骨土	粗砂表薄层酥石棚酸性岩类酸性粗骨土
		粗砂表中层酥石棚酸性岩类酸性粗骨土
砂姜黑土	砂姜黑土	重壤表黑土裸露砂姜黑土
		中壤表厚土心砂姜黑土
		轻壤表厚黑土腰砂姜黑土
		中壤表厚黑土腰砂姜黑土

一、褐土土类

褐土是岱岳区分布面积最大的一个土类，面积为 65167hm²，占土地总面积的 37.2%。褐土表面的典型特征一般是通体呈棕褐色或褐色，由耕作层、黏化层和钙积层三个层段组成。在半湿润季风气候特点影响下，成土过程中矿物有一定淋溶作用，次生黏化作用也较明显，土壤结构面上常可见到黏粒胶膜和铁锰胶膜，但成度明显不如棕壤，钙积层中的石灰淀积多呈菌丝状。根据发育程度、剖面属性等差异，分为褐土性土、褐土、淋溶褐土、潮褐土 4 个亚类。

（一）褐土性土

褐土性土俗称“石皮土”“石碴土”等，面积为 9572hm²，广泛分布在石灰岩或砂页岩组成的低山丘陵的中上部，多为荒坡岭或山坡梯田，属侵蚀类型土壤，成土母质为岩石风化的残积坡积物，土层薄，含大量岩石碎屑，粗骨薄层特征明显。农业利用为一年一作，以种植红薯为主。

按照钙质岩和非石灰性砂页岩风化物续分为 2 个土属，按照表土质地、基底性质和土层厚度又续分为 3 个土种。

1. 壤质表薄层硬石底钙质岩类褐土性土

壤质表薄层硬石底钙质岩类褐土性土面积为 1911hm²，占土地总面积的 1.09%，分布在道朗、夏张、徂徕、角峪、汶口、祝阳等乡镇（街道办事处）。生产性能较差，剖面发育不完全，农用地为一年一作，主要种植红薯、花生。

2. 壤质表中层硬石底钙质岩褐土性土

壤质表中层硬石底钙质岩褐土性土面积为 6634hm²，占土地总面积的 3.79%，分布在道朗、夏张、角峪、满庄等乡镇（街道办事处）的丘陵中上部坡麓梯田。剖面发育不完全，土体一般为 30～60cm，多为砾石壤土，大都水土流失严重，生产性能差，肥力低，保水、保肥能力差。

3. 壤质表薄层硬石底非石灰性砂页岩褐土性土

壤质表薄层硬石底非石灰性砂页岩褐土性土面积为 1027hm²，占土地总面积的 0.59%，分布在角峪镇。具有薄层粗骨特性，但整个剖面都无石灰反应，生产性能差，保水、保肥能力差。

（二）淋溶褐土

淋溶褐土面积为 17997hm²，属棕壤和褐土的过渡类型，主要分布在低缓丘陵、山前倾斜平地、沿河阶地上。成土母质较为复杂，有非钙质砂页岩的残坡积物、洪积物、洪冲积物、冲积物。淋溶褐土与褐土的区别在于剖面中游离石灰基本已淋失，有的全剖面无石灰反应，碳酸钙含量甚微，无假菌丝体、钙积层。淋溶褐土分洪积物、洪冲积物、冲积物 3 个土属，按照土体构型和表土质续分为 10 个土种。

1. 沙壤表均质洪积物淋溶褐土

沙壤表均质洪积物淋溶褐土面积为 365hm²，占土地总面积的 0.21%，主要分布在满庄镇。由冲积物发育而成，颗粒分选不良，剖面发育较弱，无次生黏化现象，质地均匀，农用地为一年两作，主要种植小麦、玉米。

2.轻壤表均质洪积物淋溶褐土

轻壤表均质洪积物淋溶褐土面积为5104hm^2，占土地总面积的2.92%，主要分布在满庄、夏张、角峪、粥店、范镇、祝阳等乡镇(街道办事处)的近山阶地及倾斜平地上。土体深厚，表土质地适中，通体无障碍层次，保水、保肥中等，农用地为一年两作，主要种植小麦、玉米。

3.沙壤表厚黏心洪积物淋溶褐土

沙壤表厚黏心洪积物淋溶褐土面积为126hm^2，占土地总面积的0.07%，主要分布在良庄镇。剖面属上轻下重土体构型，由于黏土层位过浅，影响根系下扎和作物生长，适种花生。

4.轻壤表厚黏心洪积物淋溶褐土

轻壤表厚黏心洪积物淋溶褐土面积为2945hm^2，占土地总面积的1.68%，主要分布在良庄、房村、祝阳等乡镇(街道办事处)。表土质地较好，黏土层位过浅，会影响作物正常生长发育，而成为障碍层次，雨季易涝。农用地为一年两作，主要种植小麦、玉米。

5.中壤表厚黏心洪积物淋溶褐土

中壤表厚黏心洪积物淋溶褐土面积为2040hm^2，占土地总面积的1.17%，主要分布在范镇。土体质地偏黏，保水、保肥性能较好，但耕性较差，土壤的养分好于以上土种，黏化层位过深。

6.轻壤表厚黏腰洪积物淋溶褐土

轻壤表厚黏腰洪积物淋溶褐土面积为5632hm^2，占土地总面积的3.22%，主要分布在祝阳、满庄、夏张、角峪等乡镇(街道办事处)。土体深厚，表土质地适中，60cm左右出现黏粒淀积层，有一层大于30cm的黏化层，质地构型上轻下重，耕性好。农用地为一年两作，主要种植小麦、玉米。

7.轻壤表中层洪积物淋溶褐土

轻壤表中层洪积物淋溶褐土面积为93hm^2，占土地总面积的0.05%。土体较薄，轻壤质地，土体厚度在60cm以内，无不良层次，保水、保肥性能差，适种红薯。

8.沙壤表均质洪冲积物淋溶褐土

沙壤表均质洪冲积物淋溶褐土面积为208hm^2，占土地总面积的0.12%。

9.中壤表厚黏心洪冲积物淋溶褐土

中壤表厚黏心洪冲积物淋溶褐土面积为642hm^2，占土地总面积的0.37%。

10.轻壤表均质洪冲积物淋溶褐土

轻壤表均质洪冲积物淋溶褐土面积为842hm^2，占土地总面积的0.48%，主要分布在汶口镇。土体深厚，发育层次明显，剖面质地均一，无不良层次，50cm剖面处可见黏粒胶膜。农用地为一年两作，主要种植小麦、玉米。

(三)褐　土

褐土亚类面积为5986hm^2，褐土亚类剖面性状是褐土土类中最典型的一个亚类，主要分布在褐土性土之下。成土母质为石灰岩的坡积物或洪积物。剖面主要特征为钙积明显，多属淋溶一钙积型，通体游离石灰较高，剖面分布呈上少下多，有假菌丝体。钙积层由于剖面碳酸钙含量高，假菌丝体不一定受风化母质矿物成分及次生黏化影响，黏粒淋溶淀积较明显，呈中性至微碱性反应。按母质成因不同续分为2个土属，根据表土质地和土体质地构型区别，续分为6个土种。

1.轻壤表均质坡洪积物褐土

轻壤表均质坡洪积物褐土面积为155hm²，占土地总面积的0.09%，主要分布在夏张、道朗等乡镇(街道办事处)。该土种发育层次不明显，土体中颗粒差异较大，但质地上下均一，表土质地适中。农用地为一年两作，主要种植小麦、玉米。

2.轻壤表均质洪冲积物褐土

轻壤表均质洪冲积物褐土面积为2094hm²，占土地总面积的1.2%，主要分布在满庄镇。该土种由于分布于倾斜平原，土体深厚，剖面发育良好，发生层次明显，耕层以下即可见到黏化现象。

3.轻壤表厚黏心洪冲积物褐土

轻壤表厚黏心洪冲积物褐土面积为563hm²，占土地总面积的0.32%，主要分布在满庄、房村、汶口等乡镇(街道办事处)。剖面发育良好，发生层次明显，具有黏化层和钙积层。

4.中壤表厚黏心洪冲积物褐土

中壤表厚黏心洪冲积物褐土面积为532hm²，占土地总面积的0.3%，主要分布在夏张、角峪、范镇等乡镇(街道办事处)。耕层以下有厚层黏土，黏土层位过浅，影响根系下扎、作物生长和土壤水分运行，且耕层土壤质地偏黏，耕性差，土壤内排水不畅，剖面发育良好，发生层次明显，农用地为一年两作，主要种植小麦、玉米。

5.中壤表厚黏腰洪积物褐土

中壤表厚黏腰洪积物褐土面积为2445hm²，占土地总面积的1.4%，主要分布在夏张、满庄、汶口等乡镇(街道办事处)。剖面发育比较完全，有黏化层，石灰反应自上而下有递增趋势，土体深厚，耕层质地稍黏，黏土位层深，有利于保水、保肥。

6.轻壤表中层洪积物褐土

轻壤表中层洪积物褐土面积为195hm²，占土地总面积的0.11%，主要分布在祝阳镇。该土种质地适中，耕性好，但土体厚度较薄，一般为30～60cm，其下便为母岩，生产性能低，一年一作，以种植红薯为主。

(四)潮褐土

潮褐土俗称“金黄土”“油黄土”“黑黄土”等，面积为31613hm²，分布在泰莱平原和汶河两岸的沿河平地，成土母质为洪积物、洪冲积物、冲积物。由于长期耕作，熟化程度高，耕层质地以轻壤、中壤为主。根据耕层质地和土体构型，续分为14个土种。

1.轻壤均质洪冲积物潮褐土

轻壤均质洪冲积物潮褐土面积为2175hm²，占土地总面积的1.24%，主要分布在山口、范镇、徂徕、汶口、夏张等乡镇(街道办事处)的倾斜平地和河谷平原。耕层是轻壤，全剖面为壤均质，无障碍层次，耕性良好，保水、保肥中等。

2.轻壤表厚黏心洪积物潮褐土

轻壤表厚黏心洪积物潮褐土面积为935hm²，占土地总面积的0.53%，主要分布在粥店、房村等乡镇(街道办事处)。该土种土体深厚，剖面发育良好，发生层次明显，有明显的锈纹、锈斑，表土质地较好，构型属上轻下重型，但黏土层位浅。农用地为一年两作，主要种植小麦、玉米。

3. 中壤表厚黏心洪积物潮褐土

中壤表厚黏心洪积物潮褐土面积为 362hm²，占土地总面积的 0.21%，主要分布在角峪、山口等乡镇(街道办事处)。

4. 轻壤表厚黏腰洪积物潮褐土

轻壤表厚黏腰洪积物潮褐土面积为 1404hm²，占土地总面积的 0.8%。

5. 轻壤表均质洪冲积物潮褐土

轻壤表均质洪冲积物潮褐土面积为 3554hm²，占土地总面积的 2.03%，主要分布在角峪、范镇、徂徕等乡镇(街道办事处)的微倾斜平原。土体深厚，无不良层次，表土层质地较好，耕性良好，潜水位浅，土体受水作用明显，耕层以下即有锈纹、锈斑。农用地为一年两作，主要种植小麦、玉米。

6. 中壤表均质洪冲积物潮褐土

中壤表均质洪冲积物潮褐土面积为 123hm²，占土地总面积的 0.07%，主要分布在角峪镇。该土种土体深厚，发生层次明显，耕层以下可见铁子，底土层锈纹、锈斑明显。质地均一，但耕层偏黏，保水、保肥性能较好。农用地为一年两作，主要种植小麦、玉米。

7. 中壤表厚黏心洪冲积物潮褐土

中壤表厚黏心洪冲积物潮褐土面积为 4424hm²，占土地总面积的 2.53%，主要分布在范镇、满庄、汶口等乡镇(街道办事处)。

8. 轻壤表厚黏腰洪冲积物潮褐土

轻壤表厚黏腰洪冲积物潮褐土面积为 310hm²，占土地总面积的 0.18%。在剖面 60cm 以下有厚砂层，漏水、漏肥。剖面发育完全，发生层次明显，有锈纹、锈斑，通体无石灰反应。农用地为一年两作，主要种植小麦、玉米。

9. 轻壤表厚黏腰坡洪冲积物潮褐土

轻壤表厚黏腰坡洪冲积物潮褐土面积为 115hm²，占土地总面积的 0.07%。

10. 轻壤表均质冲积物潮褐土

轻壤表均质冲积物潮褐土面积为 11878hm²，占土地总面积的 6.79%，主要分布在房村、良庄、汶口等乡镇(街道办事处)。该土种土体深厚，虽属冲积母质，但质地层次不明显。

11. 松砂均质冲积物潮褐土

松砂均质冲积物潮褐土面积为 2746hm²，占土地总面积的 1.57%，主要分布在角峪、范镇、粥店、徂徕、房村等乡镇(街道办事处)的河漫滩。土体深厚，质地均一，剖面无发育，发生层次不明显，地力瘠薄。

12. 中壤表厚黏心冲积物潮褐土

中壤表厚黏心冲积物潮褐土面积为 418hm²，占土地总面积的 0.24%，主要分布在良庄镇。冲积层次明显，质地分选层次明显。颗粒不匀，剖面发育程度较好，具有潮褐土的发生层次，质地构型属上轻下重型。

13. 轻壤表厚砂腰冲积物潮褐土

轻壤表厚砂腰冲积物潮褐土面积为 322hm²，占土地总面积的 0.18%，主要分布在汶口镇。剖面发育一般,层次较明显。土体深厚,腰土层为厚层砂土,漏水、漏肥严重,肥力低,生产性能低。

14.轻壤表厚黏腰冲积物潮褐土

轻壤表厚黏腰冲积物潮褐土面积为2846hm²,占土地总面积的1.63%,主要分布在房村、良庄等乡镇(街道办事处)。

二、棕壤土类

棕壤土类面积为45650hm²,占土地总面积的26%,主要分布在徂徕山山区及中南部丘陵。通体以棕色或暗褐色为主,有明显的淋溶和淀积过程;土体深厚,心土层质地黏重,柱状结构,垂直裂隙明显,结构面多覆盖明显的红褐色或褐色的铁锰胶膜;心土层下有粒状铁锰新生体。

(一)棕 壤

棕壤亚类俗称“黄土”“黄姜瓣”“黄土油子”等,面积为33488hm²,主要分布在徂徕山的中下部及中南部丘陵的坡麓梯田、近山阶地上,多由坡积洪积物和洪积物形成。颜色以棕色为主,表层质地多为沙壤土和轻壤土,部分为中壤土。成土年龄较久,剖面发育良好。在淋溶层下有较明显的淀积层,淀积层有明显的胶膜和铁锰结核,土壤质地偏黏,底土层较黏重,一般是棱柱状结构。剖面有明显的次生黏化和黏粒移动及淀积现象。主要为旱作农田,极少部分为林地。按照母质成因可分坡洪积物和洪积物2个土属,按表土质地和土体构型分为14个土种。

1.沙壤表均质坡积洪积物棕壤

沙壤表均质坡积洪积物棕壤面积为4115hm²,占土地总面积的2.35%,主要分布在粥店、下港、徂徕、良庄等乡镇(街道办事处)。土体厚薄不等,一般大于60cm,质地均一,易耕作,保肥、保水较差,地下水埋藏较深,水质为淡水。适宜种植花生、红薯等作物。

2.轻壤表均质坡积洪积物棕壤

轻壤表均质坡积洪积物棕壤面积为5385hm²,占土地总面积的3.08%,主要分布在下港、黄前、祝阳、道朗、夏张等乡镇(街道办事处)的山丘中下部。土体厚度一般大于60cm,通体无障碍层次,质地均一,为轻壤土,易耕作,保水、保肥能力较强,地下水位较深,灌溉条件差,水质为淡水。适宜种植小麦、玉米、红薯或花生。

3.轻壤表厚黏心坡积洪积物棕壤

轻壤表厚黏心坡积洪积物棕壤俗称“澥涝土”,面积为3697hm²,占土地总面积的2.11%,主要分布在道朗、粥店、夏张、角峪等乡镇(街道办事处)。心土层为黏土,厚度大于30cm。由于黏土层出现部位浅,对农业生产不利,渗水性差,影响作物根系下扎,两季易澥涝。通体以棕褐色为主,有明显的淋溶和淀积层,有中量铁锰结核和黏位胶膜。当前多为一年两作,主要种植作物为小麦、玉米。

4.轻壤表厚砂腰坡积洪积物棕壤

轻壤表厚砂腰坡积洪积物棕壤面积为832hm²,占土地总面积的0.48%,主要分布在下港、黄前、山口等乡镇(街道办事处)的沿河一带或近期人工堆积物上。剖面60cm以下出现夹砂层,漏肥、漏水。施肥要少量多次,且小水勤浇,选种耐旱作物。

5. 沙壤表中层坡积洪积物棕壤

沙壤表中层坡积洪积物棕壤面积为 1083hm^2，占土地总面积的 0.62%，主要分布在满庄、黄前等乡镇(街道办事处)的岭坡梯田，表土为沙壤，土体厚度小于 60cm，底土层有黏粒下移现象，出现少量胶膜及铁子。剖面发育较好，表土质地为沙壤，易耕作，保肥、保水性能一般，地下水位较深，灌溉条件差，适种花生、红薯。

6. 轻壤表中层坡积洪积物棕壤

轻壤表中层坡积洪积物棕壤面积为 1149hm^2，占土地总面积的 0.66%，主要分布在道朗、祝阳、下港等乡镇(街道办事处)。表土质地为轻壤，土体厚度小于 60cm，60cm 以下为基底母岩，适宜种植一年一作的花生、红薯。水土流失较严重，土体薄，无灌溉条件。

7. 沙壤均质洪积物棕壤

沙壤均质洪积物棕壤面积为 3112hm^2，占土地总面积的 1.78%，主要分布在徂徕、房村、良庄等乡镇(街道办事处)。表土以沙壤为主，通体质地均一，黏粒淀积不明显，无障碍层次，发小苗、不发老苗，保肥性能差。

8. 深位黏层轻壤层酸性岩坡洪积棕壤

深位黏层轻壤层酸性岩坡洪积棕壤面积为 364hm^2，占土地总面积的 0.21%，主要分布在角峪镇。保水、保肥，上层质地为轻壤，小麦、玉米一年两作。

9. 轻壤表均质洪积物棕壤

轻壤表均质洪积物棕壤面积为 6583hm^2，占土地总面积的 3.76%，主要分布在道朗、粥店、夏张、满庄、徂徕、山口等乡镇(街道办事处)。表土质地为轻壤，其下为轻壤、中壤，质地层均一，黏粒淀积不明显，无障碍层次，大部分水源不足，农用地为一年两作，主要种植小麦、玉米。

10. 轻壤表厚黏腰洪积物棕壤

轻壤表厚黏腰洪积物棕壤面积为 711hm^2，占土地总面积的 0.41%，主要分布在祝阳、良庄、山口、粥店、徂徕等乡镇(街道办事处)。剖面 60cm 以下出现大于 30cm 厚的黏土层。由于耕层以下有厚层黏土，对农业生产有利，能起到保水、保肥作用。同时上层质地有轻壤，易耕作，适耕性强，有明显的淋溶和淀积层次。农用地为一年两作，主要种植小麦、玉米。

11. 轻壤表厚黏心洪积物棕壤

轻壤表厚黏心洪积物棕壤面积为 1969hm^2，占土地总面积的 1.12%，主要分布在良庄、山口、粥店等乡镇(街道办事处)。表土以下有厚层黏土，因部位过浅，影响根系发育和水分运行，排水不畅，有季节性涝涝，对作物生长极为不利。农用地为一年两作，主要种植小麦、玉米。

12. 沙壤表厚黏腰洪积物棕壤

沙壤表厚黏腰洪积物棕壤面积为 398hm^2，占土地总面积的 0.23%，主要分布在良庄镇。表土质地为黏质土，一般表土或心土层的厚度为 60cm，60cm 以下为重壤。有黏粒胶膜和铁锰结核，托水、托肥，一般种植花生、红薯，一年一作。

13. 轻壤表厚砂心洪积物棕壤

轻壤表厚砂心洪积物棕壤面积为 574hm^2，占土地总面积的 0.33%，主要分布在角峪镇。表土层以下有大于 30cm 厚的砂层和砂土层，透水性强，不能保水、保肥，田间持水量小，不耐旱。

14. 中壤表厚黏心洪积物棕壤

中壤表厚黏心洪积物棕壤面积为 3518hm^2，占土地总面积的 2.01%，主要分布在角峪、祝阳、山口等乡镇(街道办事处)。表土层质地为中壤，心土层为厚层黏土。由于黏土层位浅，直接影响根系发育和水分运行。耕层土壤偏黏，不易耕作，排水不畅，季节性瀣涝，有的短期积水，严重影响作物生长。

(二)潮棕壤

潮棕壤亚类俗称“黑黄土”“油黄土”“沙黄土”等，一般分布在棕壤之下，地势低平，潜水埋藏较浅，一般为 3～4m，面积为 12162hm^2，主要分布在泰莱公路以北的倾斜平地和徂徕山沿河阶地。质地以轻壤或沙壤为主，土体深厚，一般大于 150cm，耕层在 20cm 左右。成土母质为坡洪积物、洪积物、洪冲积物 3 种类型。按表土质地和土体构型差异，续分为 10 个土种。

1. 轻壤均质坡洪积物潮棕壤

轻壤均质坡洪积物潮棕壤面积为 1261hm^2，占土地总面积的 0.72%，主要分布在黄前、祝阳、下港等乡镇(街道办事处)。表土为轻壤质地，表土以下为轻壤或中壤，全剖面质地较均一，耕性良好，保肥、保水中等，灌溉条件较好，适种各种作物。

2. 轻壤表厚黏心坡洪积物潮棕壤

轻壤表厚黏心坡洪积物潮棕壤面积为 2062hm^2，占土地总面积的 1.18%，分布在角峪、夏张等乡镇(街道办事处)。表土质地为轻壤，心土层为厚层黏土，由于黏土层位浅，对农业生产不利，影响透水和作物根系发育，雨季易瀣涝。腰土层以下有少量或中量新生体，如黏位胶膜、锈纹、锈斑和铁锰结核。当前农业利用多为一年两作或两年三作。

3. 沙壤均质洪积物潮棕壤

沙壤均质洪积物潮棕壤面积为 1573hm^2，占土地总面积的 0.9%。通体为沙壤或松砂土，漏水、漏肥严重，不抗旱。

4. 轻壤均质洪积潮棕壤

轻壤均质洪积潮棕壤面积为 2318hm^2，占土地总面积的 1.32%，分布在粥店、徂徕、房村、黄前、祝阳、山口等乡镇(街道办事处)。质地均一，土体深厚，大都在 2m 以上。底土有中量铁锰结核和锈纹、锈斑。保肥力中等，水源较好。农用地为一年两作，主要种植小麦、玉米。

5. 轻壤表厚黏腰洪积潮棕壤

轻壤表厚黏腰洪积潮棕壤面积为 1729hm^2，占土地总面积的 0.99%。黏土部位在 60cm 以下，表土及心土层质地适中，多为轻壤或中壤，土壤肥力高，保肥、保水力强，适种各种作物。

6. 沙壤表厚砂腰洪积物潮棕壤

沙壤表厚砂腰洪积物潮棕壤面积为 543hm^2，占土地总面积的 0.31%。

7. 沙壤均质洪积冲积物潮棕壤

沙壤均质洪积冲积物潮棕壤面积为 184hm^2，占土地总面积的 0.11%，分布在山口镇。

8.轻壤均质洪冲积潮棕壤

轻壤均质洪冲积潮棕壤面积为 168hm²,占土地总面积的 0.1%,分布于房村镇。

9.沙壤表厚黏心洪积物潮棕壤

沙壤表厚黏心洪积物潮棕壤面积为 1261hm²,占土地总面积的 0.72%,分布在徂徕、房村、良庄等乡镇(街道办事处)。表土为沙壤,心土层为厚层黏土,腰土层有中量铁锰结核和锈纹、锈斑。通体无石灰反应,呈微酸性反应。适合种植花生、小麦、玉米。

10.轻壤表厚黏心洪冲积物潮棕壤

轻壤表厚黏心洪冲积物潮棕壤面积为 1063hm²,占土地总面积的 0.61%,分布在角峪。表土质地为轻壤,在心土层部位出现大于 30cm 厚的黏土层,质地为重壤。因黏土层位浅,影响植物根系发育和下扎。60cm 以下土层有中量铁锰结核、黏位胶膜和锈纹、锈斑。

三、粗骨土土类

粗骨土面积为 57330hm²,占土地总面积的 32.54%,主要分布在花岗岩、片麻岩等酸性岩组成的徂徕山中下部以及中南部丘陵的坡地上。土体浅薄,下部为半风化的酥石棚。土壤中含有大量粗砂和砾石,孔隙大而多,不抗旱,不保水肥,养分贫乏。剖面发育不完全,无心土层。目前的利用方式以林草用地为主、以农业用地为次。

按照岩浆岩中 SiO_2 的含量,划分为酸性粗骨土亚类,俗称“麻砂土”,按土体厚度和表层质地,划分为 2 个土种。

(1)粗砂表薄层酥石棚酸性岩类酸性粗骨土,面积为 34048hm²,占土地总面积的 19.46%,分布在除大汶口镇、范镇的各乡镇(街道办事处)。土体浅薄,发育不完全。所处地形较高,水土流失严重,养分含量低,生产性能很差。主要为林业用地,农业用地较少。

(2)粗砂表中层酥石棚酸性岩类酸性粗骨土,面积为 23282hm²,占土地总面积的 13.08%,主要分布在粥店、满庄、道朗、角峪等地的丘陵及徂徕山的中下部坡地。土体厚 30～60cm,由酸性岩残积母质发育而成。所处地形部位较高,大部分无水浇条件,耕层浅,土体发育不完全,无心土层,表土以下为半风化母岩,水土流失严重。以农业利用为主。

四、砂姜黑土土类

砂姜黑土面积为 6853hm²,主要分布在满庄、夏张、汶口的扇间洼地与浅平洼地。肥力低,速效养分低,生产性能甚低,属于低产土壤。按照黑土裸露、薄层覆盖和厚层覆盖分为 3 个土属,按照表土质地及黑土层位和厚度分为 4 个土种。

(1)重壤表黑土裸露砂姜黑土,面积为 2458hm²,占土地总面积的 1.4%,黑土裸露,地表耕层质地黏重,透水性差,耕作困难,有效养分低。农业利用为小麦、玉米一年两作。

(2)中壤表厚土心砂姜黑土,面积为 2531hm²,占土地总面积的 1.45%,主要分布在满庄、夏张、汶口。耕层以下为黑土层,质地黏重,透水性差,雨季常溂涝,养分含量低。

(3)轻壤表厚黑土腰砂姜黑土,面积为 1362hm²,占土地总面积的 0.78%,主要分布在满庄、夏张、汶口。该土种后期覆盖明显，土体深厚，由于表土质地较轻，砂姜层位较深，农用地为一年两作，主要种植小麦、玉米。

(4)中壤表厚黑土腰砂姜黑土，面积为 502hm^2，占土地总面积的 0.29%。耕层质地偏黏，保水、保肥能力强，适耕性差。

第三节　耕地利用与管理

耕地是构建农业综合生产能力最重要的、不可替代的内在要素。没有相当数量、洁净、肥沃的耕地作保证，就不可能保障粮食安全，以满足泰安市岱岳区经济和社会发展对农产品的巨大需求。

一、耕地利用

从耕地利用类型构成来看，岱岳区的耕地主要是水浇地，共有 44488.1hm^2，占全区耕地总面积的 70.43%，其次是旱地，为 18679.9hm^2，占全区耕地的 29.57%。这种耕地以水浇地占绝对优势的利用状况，与地处大汶河中游、水资源丰富有关。

二、耕地管理

1982 年，泰安市岱岳区进行第二次土壤普查时，系统划分了土壤类型，详细分析了各种土壤类型的形成原因、存在问题以及改良利用方向，编绘了 1∶50000 的土壤、地貌、土地利用现状、灌溉分区、耕地等级、土壤改良利用分区、土壤养分含量分布等 20 幅图，认真总结了当时的高产田土壤条件，确定了土壤培肥措施和目标，为其后的配方施肥、土壤改良提供了依据，推动了磷肥、钾肥、专用肥料、生物肥料的广泛施用，实现了农产品产量的大飞跃。

2006 年，泰安市岱岳区承担国家级测土配方施肥项目。在全区范围内进行土壤养分调查，化验分析有机质、全氮、全磷、碱解氮、有效磷、速效钾等 6 个养分项目和部分 pH、微量元素，编写《岱岳区测土配方施肥技术报告》，其中包括岱岳区土壤养分状况及动态变化、影响农业生产的障碍因素及培肥改良措施、配方施肥建议等。同时，技术人员将有关数据资料反馈到每个乡镇(街道办事处)，为科学施肥、培肥土壤、发挥土地潜力提供了科学依据。

近年来，结合国家生态环境建设、商品粮基地建设、农业综合开发、旱作农业示范区建设等重大建设项目，岱岳区实施新一轮土地改良利用综合治理活动。平原地区推广秸秆还田、深耕改土、测土配方施肥技术、林田路渠综合配套及微灌、喷灌、滴灌等节水灌溉技术，有效地提高了土壤地力和抗旱能力，促进了岱岳区农业生产的稳产、高产、高效益。低山丘陵区进行了塘坝截留，修建囤、窖、池集雨设施，最大限度地改善了低山丘陵区旱地的水浇条件，同时通过封山育林、退耕还林还果、整修地堰等综合治理措施，达到了泥土不下山、雨水不乱流、抗旱保水土、粮果双丰收的效果。

第三章　耕地地力调查方法与内容

自第二次土壤普查以来，泰安市岱岳区农田基础设施、耕作、施肥、农作物布局、种植制度、肥料投入、农作物产量等因素发生了巨大的变化，土壤养分状况和土壤障碍因子也随之发生了巨大变化。普及测土配方施肥技术，提高肥料利用率，发展优质高效无公害农业，这些新形势对土肥工作提出了新的要求，且继续使用二十多年前的土壤资料来指导当前农业发展显然已不切实际。因此，为摸清岱岳区耕地土壤养分二十多年的发展变化，及时查清耕地土壤养分含量及分布现状，2006 年岱岳区被农业部列为测土配方施肥耕地地力调查与质量评价工作县，并就土壤类型、耕地质量、农作物布局、施肥状况等开展专项调查，目的是查清土壤障碍因素的类型、成因、分布范围及严重程度，为修复土壤障碍因素、指导科学施肥、保障农产品安全提供科学依据，提出符合现代农业发展的改良土壤、培肥地力、合理利用土地、发挥土壤生产潜力的方案，确保农业可持续发展。

耕地地力调查是在充分考虑土壤类型、用地现状、作物品种等因素的基础上，按照典型性、代表性、广泛性的布点原则统一布点，用 GPS 确定地理坐标，用统一的标准和方法进行调查。

第一节　准备工作

准备工作分为组织准备、物资准备、技术准备和资料准备四个方面。

一、组织准备

(一)成立领导小组

为保证耕地地力调查与质量评价项目顺利完成，泰安市岱岳区农业局成立了耕地地力评价工作领导小组，领导小组由分管区长任组长，区相关部门分管领导为成员，领导小组下设办公室，办公室设在农业局，分管局长任办公室主任，土肥站站长任副主任，具体负责组织协调、资金安排、工作落实、检查监督等工作。

(二)成立专家技术小组

聘请农业、土地、水利、环保等部门专家和具有丰富实践经验的基层技术人员组成专家技术小组，邀请山东农业大学资源与环境学院刘春生教授、泰安市土肥站站长王德科为技术顾问，负责实施方案的制定、技术指导、质量控制以及自检自查等工作。

（三）成立工作小组

成立野外调查、化验分析、室内汇总三个工作小组，实行站长负责制。野外调查小组由区农业局、乡镇（街道办事处）农技站人员组成，负责土地利用现状补调、农业生产状况、典型农户调查和样品采集。化验分析小组由土肥站化验人员组成，负责土壤和植株样品的分析。室内汇总小组抽调相关人员组成，负责空间和属性数据库的搜集和整理、野外调查资料校核整理、相关化验数据的录入、各种数据库和耕地资源管理信息系统的建立和各种技术材料的汇编。

（四）建立有效机制

根据部、省文件精神和工作要求，选择山东农业大学资源与环境学院、山东天地亚太遥感有限公司为技术依托，在项目实施过程中建立“以区为主，上下联动，横向联合”的工作机制，明确项目区、技术依托单位、省土肥站各自的职责分工。项目区主要做好基础资料收集，野外调查采样，化验分析数据，评价报告的汇总与编写，评价成果的发布、应用与管理工作。技术依托单位主要开展基础图件数字化、空间数据库建立、确定区域评价指标体系、成果图件输出以及评价报告（部分）编写工作，帮助项目区建立和完善县域耕地资源管理信息系统，推广应用耕地地力评价成果。山东省土肥站组织协调依托单位对项目区进行技术指导和检查验收。

二、物资准备

（一）野外调查所需物品

GPS 定位仪、土钻、土盘、木铲、布袋、聚乙烯瓶、标签、环刀、调查表格等。

（二）分析化验仪器设备

原子吸收分光光度计、紫外可见分光光度计、火焰光度计、凯氏定氮仪、酸度计、电导率仪、滴定仪、真空干燥箱、马福炉、粉碎机、分样器、离心机、恒温水浴、电子天平、振荡器等，并根据工作需要补充必要的检测仪器设备和化学试剂。

三、技术准备

根据全国耕地地力调查与质量评价技术规程，编写了《岱岳区耕地地力调查与质量评价实施方案》，并组织技术人员进行专题培训，以便提高技术水平和技术能力，保证各项工作按时高质量完成。

四、资料准备

（一）图件资料

地形图（比例尺 1：50000）、第二次土壤普查成果图、基本农田保护区规划图、土地利用现状图、农田水利分区图等。

（二）数据及文本资料

第二次土壤普查成果资料，基本农田保护区划定统计资料，历年土壤地力监测点田间记载及化验结果资料，各乡镇（街道办事处）、村近三年种植面积、粮食单产、总产统计资料，各乡镇（街道办事处）历年化肥、农药、除草剂等农用化学品销售、使用情况，及其他相关资料。

第二节　室内预研究

一、确定采集点

（一）布点原则

布点综合采样目的（农化样、施肥调查、田间试验、田间示范、其他）、作物种类、土壤类型、肥力高低、地形地貌、工作进度等方面的因素，保证采样点具有典型性和代表性，同时兼顾空间分布的均匀性。大田作物考虑土壤类型和肥力水平，蔬菜地考虑设施类型、蔬菜种类、种植年限等。考虑不同时期（秋季、春季）采样点数的分配。

（二）布点方法

把 1∶50000 的岱岳区土壤图与最新的 1∶50000 的土地利用现状图套和，形成评价单元以及工作草图。根据规程要求的采样点密度，结合岱岳区实际，确定采样点总数量。经整理合并共形成 2700 多个评价单元，根据评价单元的个数以及面积大小和总采样数量，初步确定各个评价单元的采样点数。在各评价单元中，根据图斑大小、种植制度、种植作物种类、产量水平、梯田化水平等因素，蔬菜地考虑蔬菜设施类型、棚龄或种菜年限段等因素，确定布点数量和点位，并在图上标注采样编号。各评价单元的采土点数和点位确定后，根据土种、种植制度、产量水平、蔬菜设施类型、棚龄或种菜年限段等因素，统计各因素点位数。当某一因素点位数过少或过多时，要进行调整。同时要考虑点位的均匀性，最终确定采样点 2074 个。

二、确定调查内容

根据野外调查要求，设置基本情况调查表和农户调查表两张表格。调查内容主要包括采样地点、土种类型、地形地貌、土壤性状、农田设施、生产性能、施肥与喷药情况、管理措施、种植制度、产量水平、投入与产出等。为保证调查的准确性和一致性，编制了各种调查表填写说明，并对调查人员进行培训。

三、确定分析项目和方法

根据规程并结合岱岳区生产实际，在分析项目和方法严格按规程要求的基础上，增加剖面、容量、孔隙度、微团粒结构的测定。

第三节　野外调查方法与内容

一、采样点及农户情况调查

根据室内采样点的位置，到实地选择取土地块，若图上标明的位置在当地不具典型性，在实地另选有典型性的地块，并在图上标明准确位置，利用 GPS 确定经纬度。取土点确定后，与取土点地块的主要管理者和当地技术人员座谈，按照采样点农户调查表格内容，详细调查填写农户的家庭人口、耕地面积、种植制度、近三年的产量与效益，上一年度肥料、农药使用数量、品种及次数，灌溉情况，生产管理情况，投入与产出情况等，以及土壤性状，包括质地、耕层厚度、土壤的立地条件、农田设施等内容。如野外部分内容把握不准，要求当天回室内查阅资料，予以完善。

二、土样采集

(一)采样时间

在上茬作物收获后、下茬作物尚未施用底肥前采样。大田采样：小麦、玉米一年两作的耕地要在秋季采样，花生的春田及部分露天菜地在春季采样。果园在果实采摘后的第一次施肥前采样。

(二)采样方法

野外采样田块确定：根据采样点位图，到点位所在的村庄，首先向农户了解本村的主要作物种植及产量情况，确定具有代表性的田块，田块面积要求在 $667m^2$ 以上。同时，田块的主人是当地的典型农户。

采样密度的设置：平原区、大田作物每 $6.67hm^2$ 采 1 个混合样，山区、丘陵每 $2hm^2$ 采 1 个混合样，蔬菜、果园每 $2hm^2$ 采 1 个混合样。填写采样地块调查表，尽量完善表格内容，空缺信息于室内结合原土壤普查的资料补齐。

修正采样点位：在确定的田块中央用 GPS 进行定位，同时依据坐标修正室内确定的点位，并标注。

采样工具：不锈钢土钻。

方法采用："S"法，均匀随机采取 20 个采样点。蔬菜地按照沟、垄面积比例，一般以 3∶7确定沟、垄取土点位的数量。果园在树冠范围内，由树干向外的 2/3 处采集，选择 10 棵树，每棵树对角采两点。

采样深度：粮田 20cm，蔬菜地 25cm，果园 40cm。

采土量：采集的每个分样点土壤，用手掰碎，挑出根系、秸秆、石块、虫体等侵入体和结核、砂姜等新生体，充分混合后，四分法留取，混合土样取 1kg，田间试验和耕地地力评价取 2kg。

标签填写：每一土样都用铅笔填写两张标签，土袋内外各放一张。标签内容包括野外编号(与图上及调查编号一致)、GPS 序号、采样地点、采样深度、采样时间、采样作物、产量水平、采样人等。

三、土壤样品的制备

(一)样品的风干

从野外采回的土壤样品要及时放在样品盘上，摊成薄薄的一层，置于干净整洁的室内通风处自然风干，严禁暴晒，并注意防止酸碱等气体及灰尘的污染。风干过程中要经常翻动土样并将大土块捏碎以加速干燥，同时剔除土壤以外的侵入体。

(二)样品的处理

常量分析试样:将风干的样品平铺在制样板上,用木棒或塑料棒碾压,并将植物残体、石块等侵入体和新生体剔除干净,细小易断的植物须根采用静电吸附的方法清除。压碎的土样要全部通过 2mm 孔径筛。未过筛的土粒必须重新碾压过筛,直至全部样品通过 2mm 孔径筛为止,通过 2mm 孔径筛的土样可供 pH、盐分、交换性能及有效养分项目测定。将通过 2mm 孔径筛的土样用四分法取出一部分继续研磨,使之全部通过 0.25mm 孔径筛,供有机质、全氮、碳酸钙等项目的测定。

微量元素分析试样:用于微量元素分析的土样,其处理方法同一般化学分析样品,但在采样、风干、研磨、过筛、运输、储存等诸环节不要接触金属器具,以免污染。如采样、制样使用木、竹或塑料工具,过筛使用尼龙网筛等,通过 2mm 尼龙网筛的样品可用于测定土壤有效态微量元素。

(三)样品的保存

风干后的土样按照不同的分析要求研磨过筛,充分混匀后,装入样品瓶中备用。瓶内外各放标签一张,写明编号、采样地点、土壤名称、采样深度、样品粒径、采样日期、采样人及制样时间、制样人等项目。制备好的样品要妥为储存,避免日晒、高温、潮湿和酸碱等气体的污染。全部分析工作结束、分析数据核实无误后,试样一般还要保存三个月至一年,以备查询。少数有价值需要长期保存的样品,须保存于广口瓶中,用蜡封好。

第四节 室内分析

一、分析项目与方法

样品的室内分析是了解土壤理化性状的重要手段,根据农业部《测土配方施肥技术规范》测试分析项目的要求,泰安市岱岳区确定本次测土配方施肥采样调查与质量评价化验分析项目为土壤理化性状 19 项,各项目分析方法以国家标准或部颁标准为准(见表 3-1)。

表 3-1 土样测定项目及测定方法表

分析项目	依 据	测定方法
pH	土壤分析技术规范	玻璃电极法
有机质	土壤分析技术规范	重铬酸钾—硫酸溶液—油浴法
有效磷	土壤分析技术规范	碳酸氢钠浸提—钼锑抗比色法
速效钾	土壤分析技术规范	乙酸铵浸提—火焰光度法
全氮	土壤分析技术规范	半微量凯氏法
碱解氮	土壤分析技术规范	碱解扩散法
有效铜	土壤分析技术规范	DTPA 浸提—原子吸收法

续表

分析项目	依　据	测定方法
有效锌	土壤分析技术规范	DTPA 浸提—原子吸收法
有效铁	土壤分析技术规范	DTPA 浸提—原子吸收法
有效锰	土壤分析技术规范	DTPA 浸提—原子吸收法
有效硼	土壤分析技术规范	沸水浸提—姜黄素比色法
交换性钙	土壤分析技术规范	乙酸铵交换—原子吸收法
交换性镁	土壤分析技术规范	乙酸铵交换—原子吸收法
有效硫	土壤分析技术规范	磷酸盐—乙酸提取、硫酸钡比浊法
容重	土壤分析技术规范	环刀法

从田间采来的土壤样品，经样品管理员核查标签，编上统一的室内检验编号，并登记检验台账，及时送至专门的土壤样品风干室进行风干处理。方法是将土壤样品弄成碎块平铺在干净的塑料编织袋上，摊成薄层放于木架上风干，风干后的土样送到样品制备室进行磨细过筛处理，处理过的土样装入样品袋，并标上样品检验编号、粒径及分析项目，放入样品橱等待检验员领取检验。

二、化验分析质量控制

(一)化验室

样品分析由泰安市岱岳区土肥站化验室承担。自 2006 年测土配方施肥项目实施以来，通过省站的招标，集中采购了一批仪器设备，包括定氮仪、721 分光光度计、原子吸收分光光度计、火焰光度计、超纯水器等仪器，全面提升了化验室的检测水平。

(二)质量控制方法

1. 校准曲线

为消除温度或其他因素影响，磷、钾的测定需作标准曲线，与样品同条件操作。标准系列设置 6 个浓度点，根据浓度和吸光值绘制标准曲线。若标准曲线的相关系数的绝对值大于 0.999，则该标准曲线可判断为合格。

2. 空白试验值

每次在测定样品的同时，需平行进行两个空白试验，平行测定的试验值相对偏差不得大于 50%。

3. 平行双样的测定

每批测定样品控制在 50 个，随机抽取 10% 的样品进行平行双样测定。当平行双样测定的偏差不符合要求时，除对不合格者重新做平行双样测定，应再增加 10% 的平行双样，如此累计，直至允许误差符合要求。

4. 常规检测质量控制

当常规检测样品测定值出现异常时，随机抽取样品进行重复测定，确定测定结果的可靠性。样品测定完成后，检查数据记录是否准确、计算有无差错、结果是否符合等，原始记录上要有检验人、校核人、审核人三级签字。数据整理时按统计分析的方法，剔除可疑值，有效数字的处理要根据每次测试的计算结果进行保留，注意平行测定及内插参比样是否超差，及时整理数据，及时发现问题，及时更正。

5.定期考核

用标准样品和已知数据的样品定期对检验人员进行实际操作考核，并检查质量控制的基础试验和日常检查工作中有没有进行质量控制。

第四章　耕地土壤属性

耕地土壤属性包括化学、物理属性两个方面，是决定土壤肥力的主要因素。土壤的化学属性和物理属性主要取决于土壤的地形地貌、气候、成土母质和成土过程，人类也可以通过自身努力对其调整。土壤属性直接影响作物的产量和品质，是耕地地力高低的主要影响因素。

按照耕地地力评价的要求，对2074个典型土样点的pH、有机质、大量元素、中微量元素等土壤属性进行了调查分析，取得了大量的调查数据。

第一节　土壤pH和有机质

一、土壤pH

pH是土壤酸碱性强度的主要指标，是土壤盐基状况的综合反映，对土壤的一系列其他性质有深刻的影响。有机质的合成与分解，氮、磷等营养元素的转化和释放，微量元素的有效性，土壤保持养分的能力，都与土壤pH有关。

泰安市岱岳区土壤pH平均为7.5，pH为6.5～7.5的占32.89%，7.5～8.5的占64.45%。大部分处于中性，对作物、土壤微生物、土壤养分以及土壤结构的影响均极适宜。个别地块土壤酸性较大，已到了制约农作物正常生长发育的警戒线，应引起高度重视。耕层土壤pH分级及面积统计如表4-1所示。

表4-1　耕层土壤pH分级及面积

等　级	1	2	3	4	5
范围	＞8.5	7.5～8.5	6.5～7.5	5.5～6.5	4.5～5.5
耕地面积(hm^2)	0	112787.5	57557.5	4637.5	17.5
占总耕地比例(%)	0	64.45	32.89	2.65	0.01

二、土壤有机质

土壤有机质是土壤肥力的重要标志之一。岱岳区土壤有机质含量平均为12.2g/kg，比第二次土壤普查时增加 2.6g/kg。

从土壤有机质含量分级分布表可以看出，土壤有机质含量大部分在 10g/kg 之上，处于中量水平，有机质含量高于 15g/kg 的土样占 24.4%，处于高量水平，低于 10g/kg 的土样占 35.75%，处于低量水平(见表 4-2)。

表 4-2 有机质含量分布表

有机质(g/kg)	样品数	所占比例(%)	平均值(g/kg)
<6	36	1.74	4.6
6～8	262	12.63	7
8～10	443	21.36	9
10～12	412	19.86	11
12～15	415	20.01	13.3
15～20	375	18.08	17.1
≥20	131	6.32	22.5
总计	2074	100	12.22
最大值			31.8
最小值			1.9

从不同土壤类型有机质含量分布表可以看出，棕壤、褐土、砂姜黑土平均有机质分别为 11.9g/kg、13.6g/kg、10.8g/kg，高于 15g/kg 的分别占 22%、36.27%、8.28%，处于丰富水平(见表 4-3)。

表 4-3 粮田不同土壤类型耕层有机质含量分布表

有机质(g/kg)	样品数	棕壤土 所占比例(%)	平均值(g/kg)	样品数	褐土 所占比例(%)	平均值(g/kg)	样品数	砂姜黑土 所占比例(%)	平均值(g/kg)
<6	34	2.4	4.7	1	0.2	5.9	1	0.64	1.9
6～8	224	15.8	7	18	3.61	7.2	20	12.74	7
8～10	339	23.91	9	62	12.42	9.1	42	26.75	9
10～12	268	18.9	11	100	20.04	11	44	28.03	10.9
12～15	241	17	13.3	137	27.45	13.3	37	23.57	13.1
15～20	193	13.61	17.2	169	33.87	17	13	8.28	16.3
≥20	119	8.39	22.3	12	2.4	23.5	0	0	0
总计	1418	100	11.9	499	100	13.6	157	100	10.8
最大值			27.7			31.8			18.7
最小值			1.9			5.9			1.9

第二节 土壤大量元素

一、土壤全氮及碱解氮

氮是作物生长所必需的营养元素之一，土壤氮素包括有机氮和无机氮两种形态，其含量高低常用全氮和碱解氮含量来衡量。

土壤全氮含量平均为 0.88g/kg，处于低量水平，比第二次土壤普查时提高 0.31g/kg。各种作物地块全氮平均含量：小麦为 0.74g/kg，蔬菜为 0.92g/kg，果树为 0.65g/kg，都处于低量水平。从全氮含量分布表可以看出，含量低于 1g/kg 的占 78.15%，供氮水平较低（见表 4-4）。

表 4-4 全氮含量分布表

全氮(g/kg)	样品数	所占比例(%)	平均值(g/kg)
<0.3	4	2.5	0.25
0.3～0.5	14	8.75	0.42
0.5～0.75	140	30	0.7
0.75～1	159	36.9	0.87
1～1.2	60	13.1	1.25
1.2～1.5	8	5	1.3
≥1.5	6	3.75	2.55
总计	391	100	0.88
最大值			6.97
最小值			0.21

土壤碱解氮含量平均为 85mg/kg，处于低量水平，比第二次土壤普查时提高 21mg/kg。从碱解氮含量分布表可以看出，含量多分布在 60～120mg/kg，低于 90mg/kg 的占 67.89%，处于低量水平，只有 32.11%的处于高量水平（见表 4-5）。

表 4-5 碱解氮含量分布表

碱解氮(mg/kg)	样品数	所占比例(%)	平均值(mg/kg)
<30	94	4.53	23
30～45	68	8.1	39
45～60	111	15	54
60～75	110	19.77	73
75～90	725	20.49	89
90～120	506	19.58	103

续表

碱解氮(mg/kg)	样品数	所占比例(%)	平均值(mg/kg)
120～150	299	9.59	133
≥150	161	2.94	173
总计	2074	100	85
最大值			222
最小值			12

不同土壤类型碱解氮含量差异显著。棕壤碱解氮含量高于 90mg/kg 的占 32.45%，褐土碱解氮含量高于 90mg/kg 的占 58.65%，砂姜黑土碱解氮含量高于 90mg/kg 的占 85.51%(见表 4-6)。

表 4-6　　粮田不同土壤类型耕层碱解氮含量分布表

碱解氮(mg/kg)	棕壤土 样品数	棕壤土 所占比例(%)	棕壤土 平均值(mg/kg)	褐土 样品数	褐土 所占比例(%)	褐土 平均值(mg/kg)	砂姜黑土 样品数	砂姜黑土 所占比例(%)	砂姜黑土 平均值(mg/kg)
<30	90	7.71	23	4	0.57	22	0	0	0
30～45	54	4.62	39	14	2.00	38	0	0	0
45～60	80	6.85	54	30	4.29	55	1	0.48	60
60～75	80	6.85	73	22	3.15	72	8	3.86	76
75～90	485	41.52	90	219	31.33	87	21	10.14	87
90～120	312	26.71	101	112	16.02	107	82	39.61	106
120～150	48	4.11	134	216	30.9	133	35	16.91	132
≥150	19	1.63	178	82	11.73	170	60	28.99	177
总计	1168	100	85	699	100	111	207	100	127
最大值			222			211			209
最小值			12			13			61

二、土壤有效磷

土壤有效磷含量平均为 34.8mg/kg，比第二次土壤普查时提高 29.4mg/kg，总体处于高量水平。从有效磷含量分布表可以看出，高于 30mg/kg 的占 47.06%，处于高量水平，低于 30mg/kg 的占 52.94%，处于低量水平(见表 4-7)。从不同土壤类型土壤有效磷含量分布表可以看出，砂姜黑土含量最高，为 41.9mg/kg，棕壤土含量最低，为 33.1mg/kg，两者相差 8.8mg/kg(见表 4-8)。

表 4-7　　有效磷含量分布表

有效磷(mg/kg)	样品数	所占比例(%)	平均值(mg/kg)
<5	17	0.82	3.6
5～10	52	2.51	7.7
10～15	229	11.04	16.9
15～20	241	11.62	26.4
20～30	559	26.95	32.5
30～50	689	33.22	39.3
50～80	287	13.84	56.8
总计	2074	100	34.8
最大值			59.7
最小值			1.7

表 4-8　　不同土壤类型耕层土壤有效磷含量分布表

有效磷(mg/kg)	样品数	棕壤土 所占比例(%)	平均值(mg/kg)	样品数	褐土 所占比例(%)	平均值(mg/kg)	样品数	砂姜黑土 所占比例(%)	平均值(mg/kg)
<5	10	0.87	3.7	7	1.13	3.5	0	0	0
5～10	6	0.52	7.6	39	6.3	7.8	7	2.28	7.3
10～15	181	15.77	17.2	43	6.95	15.9	5	1.63	14.8
15～20	155	13.5	27.3	76	12.28	24.3	10	3.26	26.6
20～30	356	31.01	34.4	155	25.04	29.8	48	15.64	27.7
30～50	346	30.14	38.2	169	27.3	36.5	174	56.68	44
50～80	94	8.19	55	130	21	58.7	63	20.52	55.4
总计	1148	100	33.1	619	100	34.4	307	100	41.9
最大值			59.7			59.3			58.9
最小值			1.7			2.3			5.4

三、土壤速效钾

钾能够显著提高光合作用的强度，促进作物体内淀粉和糖的积累，增强作物的抗逆性和抗病能力，增强作物对氮的吸收能力。此外，钾在改善作物品质方面也起着重要的作用，是公认的“品质元素”。充足的土壤钾素是作物产量和质量的保证。

土壤速效钾含量平均为107mg/kg，比第二次土壤普查时增加42mg/kg，处于中量水平。从土壤耕层速效钾含量分布表可以看出，含量低于100mg/kg的占69.77%，较高量水平（120～200mg/kg）的占 17.6%，高量水平（＞200mg/kg）的仅占 12.63%（见表 4-9）。从不同土壤类型耕层土壤速效钾含量分布表可以看出，棕壤速效钾含量最高，为 113mg/kg，褐土速效钾含量为 98mg/kg，砂姜黑土速效钾含量最低，为 83mg/kg（见表 4-10）。

表 4-9　速效钾含量分布表

速效钾（mg/kg）	样品数	所占比例（%）	平均值（mg/kg）
＜50	172	8.29	45
50～75	689	33.22	62
75～100	453	21.84	84
100～120	133	6.41	109
120～150	148	7.14	133
150～200	217	10.46	170
≥200	262	12.63	239
总计	2074	100	107
最大值			325
最小值			40

表 4-10　不同土壤类型耕层土壤速效钾含量分布表

有效磷（mg/kg）	样品数	棕壤土 所占比例（%）	平均值（mg/kg）	样品数	褐土 所占比例（%）	平均值（mg/kg）	样品数	砂姜土 所占比例（%）	平均值（mg/kg）
＜50	101	7.12	45	39	7.82	45	32	20.38	46
50～75	464	32.72	62	163	32.67	63	62	39.49	58
75～100	293	20.66	84	128	25.65	84	32	20.38	84
100～120	81	5.71	109	47	9.42	110	5	3.18	106
120～150	94	6.63	133	48	9.62	135	6	3.82	131
150～200	160	11.28	168	44	8.82	174	13	8.28	176
≥200	225	15.87	241	30	6.01	227	7	4.46	230
总计	1418	100	113	499	100	98	157	100	83
最大值			325			298			276
最小值			40			40			40

第三节　土壤中量元素

中量元素是作物生长过程中需要量次于氮、磷、钾而高于微量元素的营养元素，占作物干重的 0.1%～0.5%，通常指钙、镁、硫三种元素。

随着产量水平的不断提高和氮、磷、钾化肥的大量施用，土壤中的中量元素已不能满足作物需求，果树、蔬菜等因缺中量元素，各种生理病害频频发生，严重影响产量和品质的提高。

一、土壤交换性钙

土壤交换性钙含量平均为 2509mg/kg，处于较高量水平。从不同利用类型耕层土壤交换性钙含量表可以看出，粮田为 2450mg/kg，蔬菜地为 2690mg/kg，桑园为 2390mg/kg，均处于较高量水平(见表 4-11)。

表 4-11　不同利用类型耕层土壤交换性钙含量

项　目	岱岳区	粮 田	蔬菜地	桑园
交换性钙(mg/kg)	2509	2450	2690	2390

二、土壤交换性镁

土壤交换性镁含量平均为 486mg/kg，处于高量水平。从不同利用类型土壤交换性镁含量表可以看出，粮田为 470mg/kg，蔬菜地为 490mg/kg，桑园为 476mg/kg，均处于高量水平(见表 4-12)。

表 4-12　不同利用类型耕层土壤交换性镁含量

项　目	岱岳区	粮田	蔬菜地	桑园
交换性镁(mg/kg)	486	470	490	476

三、土壤有效硫

土壤有效硫含量平均为 37.37mg/kg，主要分布在 15～45mg/kg，其中 30～45mg/kg 的占 54.66%(见表 4-13)。

表 4-13　耕层土壤有效硫含量分级及面积

级　别	1	2	3	4	5	6
范围(mg/kg)	>100	75～100	75～60	60～45	45～30	30～15
耕地面积(hm^2)	892.5	3220	5022.5	21455	95655	48755
占总耕地比例(%)	0.51	1.84	2.87	12.26	54.66	27.86

第四节　土壤微量元素

土壤中的微量元素有效态含量是评价土壤微量元素的丰缺指标，受土壤酸碱度、氧化还原电位、有机质含量等条件的制约。

一、土壤有效铜

土壤有效铜含量平均为1.31mg/kg，属于高量水平。从土壤耕层有效铜含量分布表可以看出，处于低量水平(<0.2mg/kg)的只有1.49%，处于中量水平(0.2～1mg/kg)的占37.1%，处于高量水平(1～1.8mg/kg)的占44.03%(见表4-14)。从不同土壤类型土壤有效铜含量分布表可以看出，棕壤、砂姜黑土、褐土平均含量分别为1.29mg/kg、1.02mg/kg、1.11mg/kg，差异不显著，均处于高量水平(见表4-15)。

表4-14　耕地土壤耕层有效铜含量分布表

有效铜(mg/kg)	样品数	所占比例(%)	平均值(mg/kg)
<0.1	2	0.19	0.08
0.1～0.2	14	1.3	0.15
0.2～1	401	37.1	0.71
1～1.8	476	44.03	1.32
≥1.8	189	17.48	2.67
总计	1082	100	1.31
最大值			8.81
最小值			0.08

表4-15　不同土壤类型耕层土壤有效铜含量分布表

有效铜(mg/kg)	棕壤 样品数	棕壤 所占比例(%)	棕壤 平均值(mg/kg)	砂姜黑土 样品数	砂姜黑土 所占比例(%)	砂姜黑土 平均值(mg/kg)	褐土 样品数	褐土 所占比例(%)	褐土 平均值(mg/kg)
<0.1	0	0		0	0		2	1.08	0.08
0.1～0.2	5	0.63	0.16	0	0		9	4.84	0.14
0.2～1	287	36.06	0.71	39	39.39	0.75	75	40.32	0.71
1～1.8	351	44.1	1.33	44	44.44	1.32	81	43.55	1.29
≥1.8	153	19.22	2.65	17	17.17	3.07	19	10.22	2.52
总计	796	100	1.29	100	100	1.02	186	100	1.11
最大值			8.8			8.8			5.24
最小值			0.14			0.37			0.08

二、土壤有效锌

土壤有效锌含量平均为1.47mg/kg，处于中量水平。从耕地土壤耕层有效锌含量分布表可以看出，低于1mg/kg的占36.48%，处于低量水平，高于1mg/kg的占63.52%，处于中量水平（见表4-16）。从不同土壤类型耕层土壤有效锌含量表可以看出，褐土平均含量最高，为1.44mg/kg；棕壤平均含量最低，为1.18mg/kg，两者相差0.26mg/kg，但都处于中量水平（见表4-17）。

表4-16 有效锌含量分布表

有效锌(mg/kg)	样品数	所占比例(%)	平均值(mg/kg)
<0.3	48	4.44	0.14
0.3～0.5	56	5.19	0.41
0.5～1	290	26.85	0.77
1～3	600	55.56	1.61
≥3	88	7.96	4.19
总计	1082	100	1.47
最大值			6.44
最小值			0.01

表4-17 不同土壤类型耕层土壤有效锌含量分布表

有效锌(mg/kg)	棕壤 样品数	棕壤 所占比例(%)	棕壤 平均值(mg/kg)	砂姜黑土 样品数	砂姜黑土 所占比例(%)	砂姜黑土 平均值(mg/kg)	褐土 样品数	褐土 所占比例(%)	褐土 平均值(mg/kg)
<0.3	30	3.77	0.15	0	0.00	0	18	9.73	0.14
0.3～0.5	41	5.15	0.4	5	4.95	0.45	10	5.41	0.42
0.5～1	217	27.26	0.76	25	24.75	0.82	48	25.95	0.75
1～3	440	55.28	1.71	68	67.33	1.57	92	49.73	1.6
≥3	68	8.54	4.13	3	2.97	3.65	17	9.19	4.52
总计	796	100	1.18	101	100	1.39	185	100	1.44
最大值			6.64			4.52			6.15
最小值			0.02			0.4			0.01

三、土壤有效铁

土壤有效铁含量平均为18.86mg/kg，处于高量水平。其中处于中量水平(4.5～10mg/kg)的占21.72%，处于高量水平(10～20mg/kg)的占27.54%(见表4-18)。不同土壤类型耕层土壤有效锌含量差别显著，砂姜黑土有效铁平均含量最高，为22.69mg/kg，处于较高量水平，棕壤、褐土平均含量分别为18.93mg/kg、14.7mg/kg，处于中量水平(见表4-19)。

表4-18　有效铁含量分布表

有效铁(mg/kg)	样品数	所占比例(%)	平均值(mg/kg)
<2.5	86	7.95	1.15
2.5～4.5	98	9.06	4.49
4.5～10	135	21.72	9.72
10～20	398	27.54	18.76
>20	365	33.73	30.38
总计	1082	100	18.86
最大值			41.48
最小值			0.02

表4-19　不同土壤类型耕层土壤有效铁含量分布表

有效铁(mg/kg)	样品数	棕壤 所占比例(%)	平均值(mg/kg)	样品数	砂姜黑土 所占比例(%)	平均值(mg/kg)	样品数	褐土 所占比例(%)	平均值(mg/kg)
<2.5	56	8.03	1.12	8	4.02	1.61	22	11.83	1.06
2.5～4.5	69	9.9	4.48	6	3.02	3.83	23	12.37	4.71
4.5～10	78	11.19	9.99	15	7.54	8.82	42	22.58	9.53
10～20	228	32.71	18.28	117	58.79	21.05	53	28.49	16.52
>20	266	38.16	29.61	53	26.63	35.55	46	24.73	28.86
总计	697	100	18.93	199	100	22.69	186	100	14.7
最大值			41.48			41.6			38.16
最小值			0.02			0.76			0.02

四、土壤有效锰

土壤有效锰含量平均为9.74mg/kg，处于中量水平，最大值为24.16mg/kg，最小值为0.26mg/kg。有64.7%的土样处于中量水平(5～15mg/kg)，处于低量水平(<5mg/kg)的仅

占 19.68%(见表 4-20)。不同土壤类型耕层土壤有效锰含量差别不显著,棕壤、砂姜黑土、褐土平均含量分别为 11.3mg/kg、9.47mg/kg、10.08mg/kg,均处于中量水平(见表4-21)。

表 4-20　有效锰含量分布表

有效锰(mg/kg)	样品数	所占比例(%)	平均值(mg/kg)
<1	6	0.55	0.45
1～5	207	19.13	3.28
5～15	700	64.7	11.36
15～30	169	15.62	18.82
≥30	0	0	0
总计	1082	100	9.74
最大值			24.16
最小值			0.26

表 4-21　不同土壤类型耕层土壤有效锰含量分布表

有效锰(mg/kg)	样品数	棕壤所占比例(%)	平均值(mg/kg)	样品数	砂姜黑土所占比例(%)	平均值(mg/kg)	样品数	褐土所占比例(%)	平均值(mg/kg)
<1	5	0.63	0.29	1	1.01	0.75	0	0	0
1～5	147	18.44	3.3	27	27.27	3.22	33	17.65	3.2
5～15	513	64.37	11.72	51	51.52	9.52	137	73.26	10.72
15～30	132	16.56	18.98	20	20.2	18.21	17	9.09	18.31
≥30	0	0	0	0	0	0	0	0	0
总计	797	100	11.3	99	100	9.47	187	100	10.08
最大值			24.16			21.2			21.13
最小值			0.26			0.75			1.39

五、土壤有效硼

土壤有效硼含量平均为 0.35mg/kg,处于低量水平,最大值为 2.2mg/kg,最小值为 0.01mg/kg,差异较大。从土壤耕层有效硼含量分布表可以看出,处于低量水平(<0.5mg/kg)的占 84.39%,处于中量水平(0.5～1mg/kg)的占 13.13%,处于高量水平(1～2mg/kg)的仅占 2.08%(见表 4-22)。从不同土壤类型耕层土壤有效硼含量表可以看出,棕壤、褐土平均含量都是 0.36mg/kg,砂姜黑土含量为 0.28mg/kg,都处于低量水平(见表 4-23)。

表 4-22　　有效硼含量分布表

有效硼(mg/kg)	样品数	所占比例(%)	平均值(mg/kg)
＜0.2	37	4.81	0.1
0.2～0.5	612	79.58	0.31
0.5～1	101	13.13	0.51
1～2	16	2.08	1.01
≥2	3	0.39	2.01
总计	769	100	0.35
最大值			2.2
最小值			0.01

表 4-23　　不同土壤类型耕层土壤有效硼含量分布表

有效硼(mg/kg)	棕壤			砂姜黑土			褐土		
	样品数	所占比例(%)	平均值(mg/kg)	样品数	所占比例(%)	平均值(mg/kg)	样品数	所占比例(%)	平均值(mg/kg)
＜0.2	35	5.85	0.1	0	0	0	2	2.78	0.17
0.2～0.5	467	78.09	0.31	84	84.85	0.25	61	84.72	0.37
0.5～1	77	12.88	0.57	15	15.15	0.45	9	12.5	0.3
1～2	16	2.68	1.01	0	0	0	0	0	0
≥2	3	0.5	2.01	0	0	0	0	0	0
总计	598	100	0.36	99	100	0.28	72	100	0.36
最大值			2.14			0.65			0.63
最小值			0.01			0.23			0.16

第五节　土壤主要物理性状

土壤的物理性状直接影响土壤的水、肥、气、热，是决定耕地地力的重要因素，主要包括土壤质地、土层厚度、剖面构型、土壤容重、总孔隙度、田间持水量等方面。

一、土壤质地

岱岳区土壤质地主要有粗砂土、砾质壤土、沙壤土、轻壤土、中壤土五种，其中中壤土面积最大，其次为粗砂土(见表 4-24)。

表 4-24　不同质地类型耕地面积

质地类型	粗砂土	砾质壤土	沙壤土	轻壤土	中壤土
面积(hm^2)	17381.3	5253.3	5146.7	12880	22506.7
占总面积(%)	27.5	8.3	8.2	20.4	35.6

粗砂土主要分布于山丘区的山坡上。这类耕地坡度大、土层薄、易干旱、石头多，无水浇条件，极不抗旱。主要种植花生、红薯等作物。

砾质壤土主要分布于山区坡地，含砾石较多，影响作物生长。主要种植谷子、红薯等粮食作物，一年一作。

沙壤土主要分布于岩浆岩山丘区河流两岸的狭长地带上。土壤疏松，易耕作，但保肥、保水能力弱，养分含量低，没后劲，易拿苗，作物生长不良，产量较低。适种花生、红薯和瓜果等。因土质砂性，昼夜温差大，便于作物糖分积累，种植的果树、瓜类色泽鲜艳、品质好。

轻壤土主要分布在大汶河两岸，土壤质地较松，耕性良好，通透性好，抗涝不抗旱，养分含量中等，保肥、保水性能较差，种植作物易拿苗，但生长无后劲，产量往往偏低。

中壤土分布较广，面积最大。该土适耕期长，耕性良好，通透性和保肥、保水能力适中，供肥性良好，不黏、不硬，抗旱、抗涝，土壤中水、肥、气、热状况协调，适种各类农作物，是主要高产田区。

二、土体构型

岱岳区土体构型主要有石底型、均质型、夹砂型、夹黏型四种，其中以均质型面积最大，夹黏型次之，石底型、夹砂型面积较小(见表 4-25)。

表 4-25　不同土体构型耕地面积

土体构型	石底型	均质型	夹砂型	夹黏型
面积(hm^2)	9533.2	22536.5	12566.7	18531.6
占总面积比例(%)	15.1	35.7	19.9	29.3

石底型：土层厚度不足 50cm，下部为半风化的母岩，包括薄层石底(土层厚度为 0～20cm)、中层石底(土层厚度为 20～50cm)两个土体构型。石底型土体分布于石质山岭的中上部及砂岭地，土层浅薄，砾石含量高，无灌溉条件，是农业利用价值较低的土体类型。

均质型：全剖面土体深厚，土壤质地上下各层均一，主要分布于平原以及大汶河两岸和石灰岩低山沟谷梯田，主要以均壤质土体构型为主，土层深厚，质地适中，保水、保肥，易于根系伸展，养分及物理性状较好，是高产、稳产田的基础土壤。

夹砂型：表层多为沙壤土，1m 土体内有砂层，包括薄砂心、厚砂心、厚砂腰三个土体构型，主要分布在大汶河两岸的倾斜平地上。这种构型虽然通透性好，但漏水、漏肥，因此土壤养分含量低，肥力差，影响作物生长，尤其是砂层出现部位较浅、砂层较厚的地块，对农业生产更为不利。

夹黏型：表层多为中壤土，1m 土体内有一层重壤或黏土，其厚度一般都在 30cm 以上，主要分布在平原区的低洼处及扇间洼地。根据夹黏层出现的部位，可分为厚黏心和厚黏腰两种构型，前者占 70%，后者占 30%。厚黏心构型是在剖面 20～60cm 部位出现厚度大于 30cm 的黏土层。这种土壤养分含量较高，保水、保肥，但因黏土层出现部位浅，根系下扎十分困难。黏土层起阻碍水分下渗的作用，土壤易“涮涝”，对作物生长很不利，可通过逐步加深耕作层或深耕翻土加以改良。厚黏腰构型是在剖面 60～100cm 部位内出现厚度大于 30cm 的黏土层，由于黏土层出现部位较深，对作物影响较小。土壤上松下实，上层土壤耕性和通透性较好，易耕作，下层土壤黏重，托水、托肥，起保水、保肥作用，是农业生产中最好的土体构型。

三、土壤容重

土壤容重是土壤松紧程度和耕性好坏的标志之一，耕层容重在 1～1.5g/cm^3 范围内较为适宜。表土层（耕层）土壤容重较小，而心土层和底土层的容重较大。岱岳区耕层土壤容重平均为 1.36g/cm^3。容重与质地关系密切，耕层轻壤土容重平均为 1.29g/cm^3，中壤土为 1.42g/cm^3，重壤土为 1.50g/cm^3。同一地块土壤容重，也受其他外部因素（降水、灌水、施肥、秸秆还田量等）的影响而经常变化。

第五章　耕地地力评价

耕地是土地的精华，是农业生产中不可替代的重要生产资料，是保持社会和国民经济可持续发展的重要资源，保护耕地是我国的基本国策之一，因此，及时掌握耕地资源的数量、质量及其变化，对于合理规划和利用耕地、切实保护耕地有十分重要的意义。在全面的野外调查和室内化验分析，获取大量耕地地力相关信息的基础上，对泰安市岱岳区耕地地力进行了综合评价，评价结果对于摸清岱岳区耕地地力的现状及问题、为耕地资源的高效和可持续利用提供了重要的科学依据。

第一节　评价的原则、依据及流程

一、评价的原则、依据

（一）评价的原则

耕地地力就是耕地的生产能力，是在一定区域内一定的土壤类型上，耕地的土壤理化性状、所处自然环境条件、农田基础设施及耕作施肥管理水平等因素的总和。根据评价的目的要求，在岱岳区耕地地力评价中，遵循四条基本原则。

1.综合因素研究与主导因素分析相结合原则

土地是一个自然经济综合体，是人们利用的对象，对土地质量的鉴定涉及自然和社会经济多个方面，耕地地力也是各类要素的综合体现。所谓综合因素研究是指对地形地貌、土壤理化性状、相关社会经济因素之总体进行全面的研究、分析与评价，以全面了解耕地地力状况。主导因素是指对耕地地力起决定作用的、相对稳定的因子，在评价中要着重对其进行研究分析。因此，把综合因素与主导因素结合起来进行评价，则可以对耕地地力作出科学准确的评定。

2.共性评价与专题研究相结合原则

岱岳区耕地利用存在菜地、农田等多种类型，土壤理化性状、环境条件、管理水平等不一，因此耕地地力水平有较大的差异。考虑区域内耕地地力的系统性、可比性，针对不同的耕地利用等状况，应选用统一的共同的评价指标和标准，即耕地地力的评价不针对某一特定的利用类型。另外，为了解不同利用类型的耕地地力状况及其内部的差异情况，则对有代表性的主要类型如蔬菜地等进行专题的深入研究。这样，共性的评价与专题的研究相结合，使整个的评价和研究具有更大的应用价值。

3. 定量和定性相结合原则

土地系统是一个复杂的灰色系统，定量和定性要素共存，相互作用，相互影响。因此，为了保证评价结果的客观合理，宜采用定量和定性评价相结合的方法。在总体上，为了保证评价结果的客观合理，尽量采用定量评价方法，对可定量化的评价因子如有机质等养分含量、土层厚度等按其数值参与计算，对非数量化的定性因子如土壤表层质地、土体构型等则进行量化处理，确定其相应的指数，并建立评价数据库，以计算机进行运算和处理，尽量避免人为随意性因素影响。在评价因素筛选、权重确定、评价标准、等级确定等评价过程中，尽量采用定量化的数学模型，在此基础上则充分运用人工智能和专家知识，对评价的中间过程和评价结果进行必要的定性调整。定量与定性相结合，从而保证了评价结果的准确合理。

4. 采用卫星遥感和GIS支持的自动化评价方法原则

自动化、定量化的土地评价技术方法是当前土地评价的重要方向之一。近年来，随着计算机技术，特别是GIS技术在土地评价中的不断应用和发展，基于GIS技术进行自动定量化评价的方法已不断成熟，使土地评价的精度和效率大大提高。本次的耕地地力评价工作采用最新SPOT5卫星遥感数据提取和更新耕地资源现状信息，通过数据库建立、评价模型及其与GIS空间叠加等分析模型的结合，实现了全数字化、自动化的评价流程，在一定的程度上代表了当前土地评价的最新技术方法。

（二）评价的依据

耕地地力是耕地本身的生产能力，因此，耕地地力的评价则依据与此相关的各类自然和社会经济要素，具体包括三个方面。

1. 耕地地力的自然环境要素

耕地地力的自然环境要素包括耕地所处的地形地貌条件、水文地质条件、成土母质条件以及土地利用状况等。

2. 耕地地力的土壤理化要素

耕地地力的土壤理化要素包括土壤剖面与土体构型、耕层厚度、质地、容重等物理性状，有机质、N、P、K、微量元素、pH、交换量等化学性状。

3. 耕地地力的农田基础设施条件

耕地地力的农田基础设施条件包括耕地的灌排条件、水土保持工程建设、培肥管理条件等。

二、评价的流程

整个评价可分为三个方面的主要内容，按先后的次序分别为：

（一）资料工具准备及数据库建立

即根据评价的目的、任务、范围、方法，收集准备与评价有关的各类自然及社会经济资料，进行资料的分析处理。选择适宜的计算机硬件和GIS等分析软件，建立耕地地力评价基础数据库。

（二）耕地地力评价

划分评价单元，提取影响地力的关键因素并确定权重，选择相应评价方法，制定评价标准，确定耕地地力等级。

（三）评价结果分析

依据评价结果，量算各等级耕地面积，编制耕地地力分布图，分析耕地地力问题，提出耕地资源可持续利用的措施建议。

评价的工作流程如图 5-1 所示。

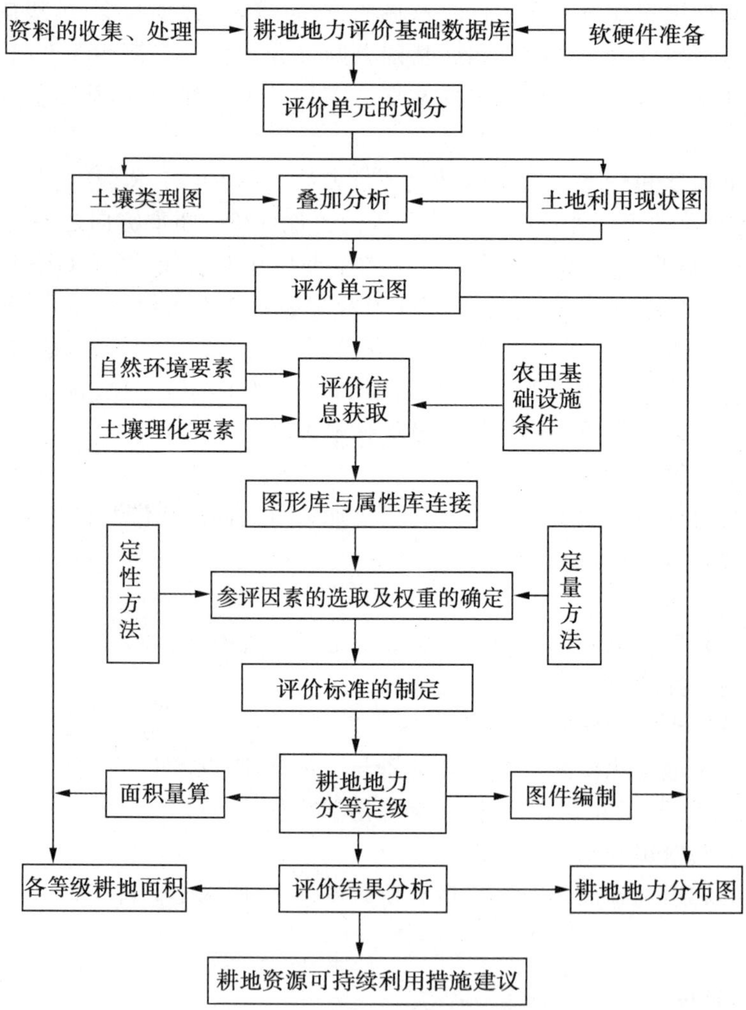

图 5-1　岱岳区耕地地力评价流程图

第二节 软硬件准备、资料的收集处理及基础数据库的建立

一、软硬件准备

(一)硬件准备

硬件主要包括高档计算机、A0 幅面数字化仪、A0 幅面扫描仪、喷墨绘图仪等。计算机主要用于数据和图件的处理分析,数字化仪、扫描仪用于图件的输入,喷墨绘图仪用于成果图的输出。

(二)软件准备

一是 Windows 操作系统软件,二是 FOXPRO 数据库管理、SPSS 数据统计分析/ACCESS 数据管理系统等应用软件,三是 MAPGIS、ARCVIEW、ARCMAP 等 GIS 软件。

二、资料的收集、处理

(一)资料的收集

耕地地力评价是以耕地的各性状要素为基础的,因此必须广泛地收集与评价有关的各类自然和社会经济因素资料,为评价工作做好数据的准备。本次耕地地力评价收集获取的资料主要包括四个方面。

1.野外调查资料

野外调查资料按野外调查点获取,主要包括地形地貌、土壤母质、水文、土层厚度、表层质地、耕地利用现状、灌排条件、作物长势产量、管理措施水平等。

2.室内化验分析资料

室内化验分析资料包括有机质、全氮、速效氮、全磷、有效磷、速效钾等大量养分含量,交换性钙、交换镁等中量养分含量,有效锌、有效硼、有效钼等微量养分含量,以及 pH、土壤污染元素含量等。

3.社会经济统计资料

以行政区划为基本单位的人口、土地面积、作物及蔬菜瓜果面积,以及各类投入产出等社会经济指标数据。

4.基础及专题图件资料

1∶50000 比例尺的地形图、行政区划图、土地利用现状图、地貌图、土壤图等。

(二)资料的处理

获取的评价资料可以分为定量和定性资料两大部分。为了采用定量化的评价方法和自动化的评价手段,减少人为因素的影响,需要对其中的定性因素进行定量化处理,根据因素的级别状况赋予其相应的分值或数值。除此,对于各类养分等按调查点获取的数据,则需要进行插值处理,生成各类养分图。

1.定性因素的量化处理

土壤表层质地:考虑不同质地类型的土壤肥力特征,以及与作物生长发育的关系,赋予不同质地类别以相应的分值(见表 5-1)。

表 5-1 土壤表层质地的量化处理

质地类别	中壤	轻壤	重壤	沙壤	砂土
分值	100	95	80	70	55

土体构型：首先以土层质地类别和其在土体中的部位对各类土体构型进行归纳，根据不同的土体构型对作物生长发育的影响，赋予不同土体构型以相应的分值（见表 5-2）。

表 5-2 土体构型的量化处理

土体构型	中壤均质	中壤黏腰	轻壤黏腰	轻壤均质	中壤黏心	中壤砂姜腰	中壤砂腰	重壤均质	轻壤砂心	沙壤砂心	中层	薄层
分值	100	95	95	90	85	85	80	60	60	50	30	10

地貌类型：根据不同的地貌类型对耕地地力及作物生长的影响，赋予其相应的分值（见表 5-3）。

表 5-3 地貌类型的量化处理

地貌类型	缓平坡地	山前倾斜平地	山前缓平地	缓岗	浅平洼地	槽状洼地	河谷高地	河漫滩	河谷梯田	近山阶地	坡麓梯田	荒坡岭
分值	100	97	95	93	90	87	84	80	60	40	20	15

障碍状况：考虑影响岱岳区耕地地力的主要障碍状况，将其障碍状况归纳为不同的类型，并根据其对耕地地力的影响程度进行量化处理（见表 5-4）。

表 5-4 障碍状况的量化处理

障碍状况	无障碍	浅黏	夹砂或砂姜	砾质	石碴土
分值	100	90	80	60	40

2. 各类养分专题图层的生成

对于土壤有机质、氮、磷、钾、锌、硼、钼等养分数据，首先按照野外实际调查点进行整理，建立了以各养分为字段、以调查点为记录的数据库。之后进行土壤采样样点图与分析数据库的连接，在此基础上对各养分数据进行自动的插值处理。

通过对比在 MAPGIS 和 ARCVIEW 环境中的插值结果，发现 ARCVIEW 环境中的插值结果线条更为自然圆滑，更符合实际。因此，本研究中所有养分采样点数据均在 ARCVIEW 环境下操作，利用其空间分析模块功能对各养分数据进行自动的插值处理，经编辑处理，自动生成各土壤养分专题栅格图层。后续的耕地地力评价也以栅格形式进行，与矢量形式相比，能够将各评价要素信息精确到栅格（像元）水平，保证了评价结果的准确。图 5-2 和图5-3 为在 ARCVIEW 下插值生成的岱岳区土壤有机质、全氮含量分布栅格图。

图 5-2　岱岳区土壤有机质含量栅格图

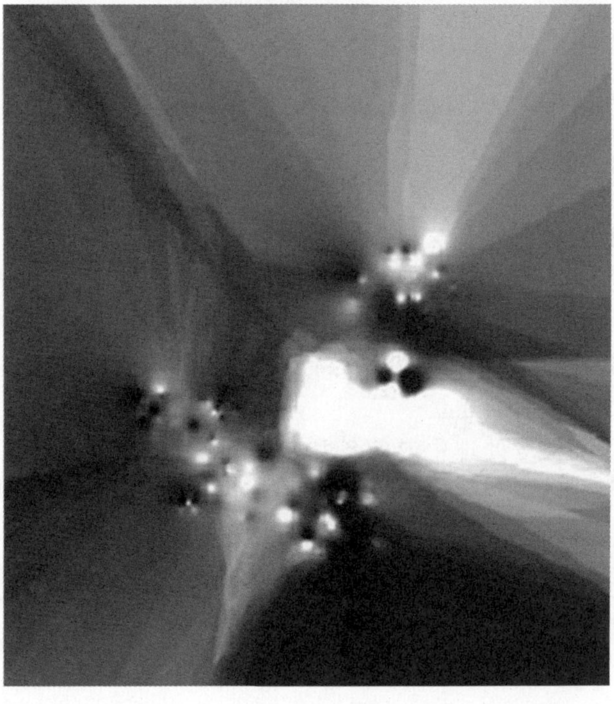

图 5-3　岱岳区土壤全氮含量栅格图

3.岱岳区数字高程模型和坡度图的生成

利用岱岳区 1∶50000 地形图,扫描输入后进行矢量化,获得等高线及高程信息,自动插值生成岱岳区数字高程模型(DEM),在此基础上生成岱岳区地形坡度,经编辑处理后形成坡度图和三维地势图(见图 5-4)。

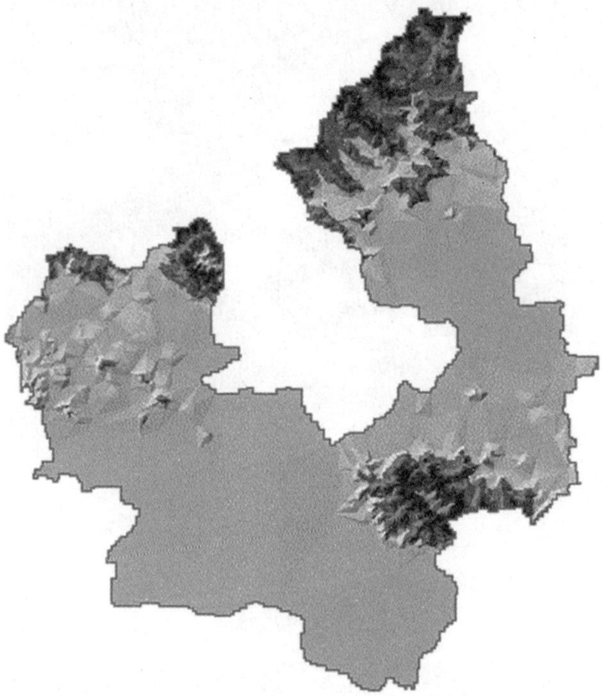

图 5-4　岱岳区三维地势图

三、基础数据库的建立

(一)基础属性数据库的建立

为更好地对数据进行管理和为后续工作提供方便,将采样点基本情况信息、农业生产情况信息、土壤理化性状化验分析数据、土壤污染元素化验分析数据等信息以调查点为基本数据库记录进行属性数据库的建立,作为后续耕地地力评价工作的基础。

(二)基础专题图图形库的建立

将扫描矢量化及插值等处理生成的各类专题图件,在 ARCVIEW 和 MAPGIS 软件的支持下,分别以栅格形式和点、线、区文件的形式进行存储和管理,同时将所有图件统一转换到相同的地理坐标系统下,以进行图件的叠加等空间操作,各专题图图斑属性信息通过键盘交互式输入或通过与属性库挂接读取,构成基本专题图图形数据库。图形库与基础属性库之间通过调查点相互连接。

第三节　评价单元的划分及评价信息的提取

一、评价单元的划分

评价单元是由对土地质量具有关键影响的各土地要素组成的空间实体，是土地评价的最基本单位、对象和基础图斑。同一评价单元内的土地自然基本条件、个体属性和经济属性基本一致，不同土地评价单元之间，既有差异性，又有可比性。耕地地力评价就是要通过对每个评价单元的评价，确定其地力级别，把评价结果落实到实地和编绘的土地资源图上。因此，土地评价单元划分的合理与否，直接关系到土地评价结果的好坏以及工作量的大小。

目前，对土地评价单元的划分尚无统一的方法，有以土壤类型、以土地利用类型、以行政区划单位、以方里网等多种方法。本次岱岳区耕地地力评价土地评价单元的划分采用土壤图、土地利用现状图的叠置划分法，相同土壤单元及土地利用现状类型的地块组成一个评价单元，即“土地利用现状类型－土壤类型”的格式。其中，土壤类型划分到土种，土地利用现状类型划分到二级利用类型，制图区界以基于遥感影像的岱岳区最新土地利用现状图为准。为了保证土地利用现状的现实性，基于野外的实地调查对耕地利用现状进行修正，其中菜地进行进一步的细分，到三级类型。同一评价单元内的土壤类型相同，利用方式相同，交通、水利、经营管理方式等基本一致，用这种方法划分评价单元可以反映单元之间的空间差异性，既使土地利用类型有了土壤基本性质的均一性，又使土壤类型有了确定的地域边界线，使评价结果更具综合性、客观性，可以较容易地将评价结果落实到实地。

通过图件的叠置和检索，将岱岳区耕地地力划分为 7169 个评价单元。

二、评价信息的提取

影响耕地地力的因子非常多，并且它们在计算机中的存储方式也不相同，因此如何准确地获取各评价单元评价信息是评价中的重要一环。鉴于此，技术人员舍弃直接从键盘输入参评因子值的传统方式，采取将评价单元与各专题图件叠加采集各参评因素的信息。具体的做法是：按唯一标识原则为评价单元编号；在 ARCVIEW 环境下生成评价信息空间库和属性数据库；在 ARCMAP 环境下从图形库中调出各化学性状评价因子的专题图，与评价单元图进行叠加计算出各因子的均值；保持评价单元几何形状不变，在耕地资源管理信息系统中直接对叠加后形成的图形的属性库进行“属性提取”操作，以评价单元为基本统计单位，按面积加权平均汇总评价单元立地条件评价因子的分值。

由此，得到图形与属性相连的、以评价单元为基本单位的评价信息，为后续耕地地力的评价奠定了基础。

第四节　参评因素的选取及其权重确定

正确地进行参评因素的选取并确定其权重，是科学地评价耕地地力的前提，直接关系到评价结果的正确性、科学性和社会可接受性。

一、参评因素的选取

参评因素是指参与评定耕地地力等级的耕地的诸属性。影响耕地地力的因素很多，在本次岱岳区耕地地力评价中根据岱岳区的区域特点，遵循主导因素原则、差异性原则、稳定性原则、敏感性原则，采用定量和定性方法结合，进行了参评因素的选取。

(一)系统聚类方法

系统聚类方法用于筛选影响耕地地力的理化性质等定量指标，通过聚类将类似的指标进行归并，辅助选取相对独立的主导因子。利用 SPSS 统计软件对土壤养分等化学性状的系统进行聚类。

从图 5-5 中可以看出，氯离子、全盐、硝态氮、全氮、交换性钙、有效硅、交换性镁、有效硼、有效钼、有效铁、有效锰、有效锌、有效铜、有效硫聚为一组，有效磷、速效钾、碱解氮、缓效钾聚为一组，有机质为一组，pH 为一组。

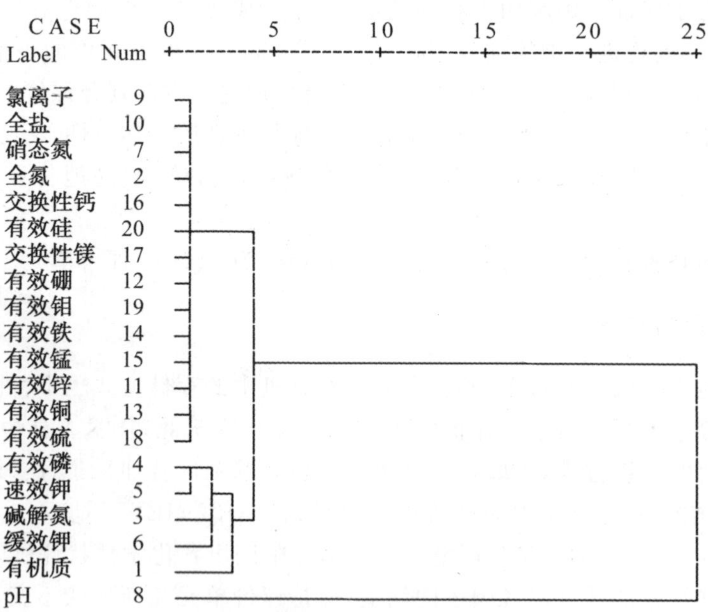

图 5-5　土壤养分等化学性状的聚类分析

(二)DELPHI 法

用 DELPHI 法进行影响耕地地力的立地条件、物理性状等定性指标的筛选。确定由土壤农业化学学者、专家及岱岳区土肥站业务人员组成的专家组，首先对指标进行分类，在此基础上进行指标的选取，并讨论确定最终的选择方案。

综合以上两种方法，在定量因素中根据各因素对耕地地力影响的稳定性，以及营养元素的全面性，在聚类分析第一组中选取有效锌、有效硼为参评因素，第二组中选取有效磷、速效钾为参评因素，第三组中选取有机质为参评因素。结合专家组选择结果，最终确定灌溉保证率、坡度、地形地貌、耕层质地、剖面构型、障碍层状况、土层厚度、有机质、大量元素（速效钾、有效磷）、微量元素（有效锌、有效硼）等12项因素作为耕地地力评价的参评指标。

二、权重的确定

在耕地地力评价中，需要根据各参评因素对耕地地力的贡献确定权重，确定权重的方法很多，本评价中采用层次分析法（AHP）来确定各参评因素的权重。

层次分析法是在定性方法基础上发展起来的定量确定参评因素权重的一种系统分析方法，这种方法可将人们的经验思维数量化，用以检验决策者判断的一致性，有利于实现定量化评价。层次分析法确定参评因素的步骤如下：

（一）建立层次结构

耕地地力为目标层（G层），影响耕地地力的立地条件、物理性状、化学性状为准则层（C层），再把影响准则层中各元素的项目作为指标层（A层），其结构关系如图5-6所示。

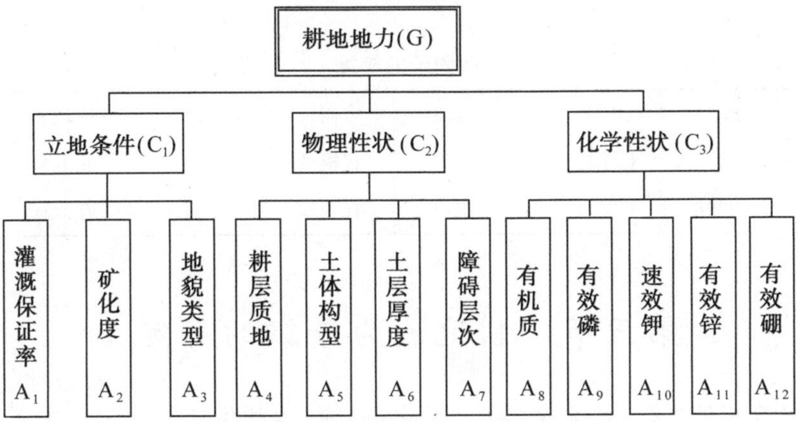

图5-6　耕地地力影响因素层次结构

（二）构造判断矩阵

根据专家经验，确定C层对G层以及A层对C层的相对重要程度，构成A、C_1、C_2、C_3共4个判断矩阵。例如耕层质地、土体构型、有效土层厚度、障碍层次状况对耕地物理性状的判断矩阵表示为：

$$C_2=\begin{pmatrix} a_{11} & a_{12} & a_{13} & a_{14} \\ a_{21} & a_{22} & a_{23} & a_{24} \\ a_{31} & a_{32} & a_{33} & a_{34} \\ a_{41} & a_{42} & a_{43} & a_{44} \end{pmatrix}=\begin{pmatrix} 1 & 1.25 & 0.7143 & 1.6667 \\ 0.8 & 1 & 0.5714 & 1.3333 \\ 1.4 & 1.75 & 1 & 2.3333 \end{pmatrix}$$

其中，a_{ij}（i为矩阵的行号，j为矩阵的列号）表示对C_2而言，a_i对a_j的相对重要性的数值。

(三)层次单排序及一致性检验

即求取 A 层对 C 层的权数值,可归结为计算判断矩阵的最大特征根对应的特征向量。利用 SPSS 等统计软件,得到的各权数值及一致性检验的结果如表 5-5 所示。

表 5-5　　权数值及一致性检验结果

矩阵	特征向量					C_I	C_R
矩阵 A		0.4186	0.3488	0.2326		−0.00000537	0.00000926<0.1
矩阵 C_1		0.198	0.3564	0.4455		−0.00000369	0.00000575<0.1
矩阵 C_2	0.2159	0.2699	0.1542	0.3599		0.00000621	0.0000069<0.1
矩阵 C_3	0.0787	0.0945	0.1181	0.2362	0.4724	0.00000549	0.00000491<0.1

可以看出,C_R<0.1,具有很好的一致性。

(四)层次总排序及一致性检验

经层次总排序,并进行一致性检验,结果为 C_I=0.00000369,C_R=0.00000402,具有满意的一致性,最后计算 A 层对 G 层的组合权数值,得到各因子的权重,最终结果如表5-6所示。

表 5-6　　各因子的权重

灌溉保证率	0.2248	质地	0.079	障碍层	0.0474	速效钾	0.0556
坡度	0.1252	土体构型	0.0632	有机质	0.0834	有效锌	0.0278
地形地貌	0.0996	土层厚度	0.1106	有效磷	0.0694	有效硼	0.0139

第五节　耕地地力等级的确定

土地是一个灰色系统,系统内部各要素之间与耕地的生产能力之间关系十分复杂。此外,评价中也存在着许多不严格、模糊性的概念。因此,在评价中引入了模糊数学方法,采用模糊评价方法来进行耕地地力等级的确定。

一、参评因素隶属函数的建立

用 DELPHI 法根据一组分布均匀的实测值评估出对应的一组隶属度,然后在计算机中绘制这两组数值的散点图,再根据散点图进行曲线模拟,寻求参评因素实际值与隶属度关系方程从而建立起隶属函数。各参评因素的分级及其相应的专家赋值和隶属度如表 5-7 所示。

表 5-7　　参评因素的分级及其分值

坡度	0	0.2	0.5	1	3	5	7	10	15	25		
分值	98	100	98	95	90	80	60	30	10	1		
隶属度	0.98	1.00	0.98	0.95	0.90	0.80	0.60	0.30	0.10	0.01		
地形地貌	缓平坡地	山前倾斜平地	山前缓平地	缓岗	浅平洼地	槽状洼地	河谷高地	河漫滩	河谷梯田	近山阶地	坡麓梯田	荒坡岭
分值	100	97	95	93	90	87	84	80	60	40	20	15
隶属度	1.00	0.97	0.95	0.93	0.90	0.87	0.84	0.80	0.60	0.40	0.20	
灌溉保证率	80	70	60	50	30	10	0					
分值	100	90	80	65	40	10	0					
隶属度	1.00	0.90	0.80	0.65	0.40	0.10	0					
有机质	2.0	1.8	1.6	1.4	1.2	1.0	0.8	0.6				
分值	100	98	95	90	84	78	65	50				
隶属度	1.00	0.98	0.95	0.90	0.84	0.78	0.65	0.50				
有效磷	400	300	200	110	80	60	40	30	20	15	10	5
分值	70	80	90	100	98	96	92	90	85	80	60	40
隶属度	0.70	0.80	0.90	1.00	0.98	0.96	0.92	0.90	0.85	0.80	0.60	0.40
速效钾	400	320	240	160	120	100	80	60				
分值	100	98	93	85	82	78	70	50				
隶属度	1.00	0.98	0.93	0.85	0.82	0.78	0.70	0.50				
有效锌	2.0	1.5	1.2	1.0	0.8	0.5	0.3					
分值	100	92	87	85	80	70	55					
隶属度	1.00	0.92	0.87	0.85	0.80	0.70	0.55					
有效硼	1.8	1.5	1.2	1.0	0.8	0.5	0.2					
分值	100	95	87	85	80	70	55					
隶属度	1.00	0.95	0.87	0.85	0.80	0.70	0.55					
耕层质地	中壤	轻壤	重壤	沙壤	砂土							
分值	100	95	80	70	55							
隶属度	1.00	0.95	0.80	0.70	0.55							
障碍层状况	其他	浅黏	夹砂砂姜	砾质	石碴土							
分值	100	90	80	60	40							
隶属度	1.00	0.90	0.80	0.60	0.40							

续表

剖面构型	中壤均质	中壤黏腰	轻壤黏腰	轻壤均质	中壤黏心	中壤砂姜腰	中壤砂腰	重壤均质	轻壤砂心	沙壤砂心	中层	薄层
分值	100	95	95	90	85	85	80	60	60	50	30	10
隶属度	1.00	0.95	0.95	0.90	0.85	0.85	0.80	0.60	0.60	0.50	0.30	0.10
有效土层	150	130	110	90	70	50	30					
分值	100	95	88	70	55	35	10					
隶属度	1.00	0.95	0.88	0.70	0.55	0.35	0.10					

通过模拟共得到正直线型、戒上型、戒下型三种类型的隶属函数，其中有效磷属于以上两种或两种以上的复合型隶属函数，地貌类型、质地等描述性的因素属于正直线型隶属函数，然后根据隶属函数计算各参评因素的单因素评价评语。以有机质为例绘制的散点图和模拟曲线如图 5-7 和图 5-8 所示。

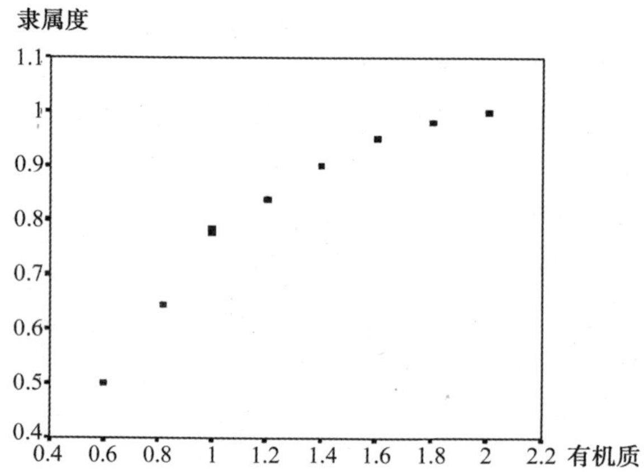

图 5-7 有机质与隶属度关系散点图

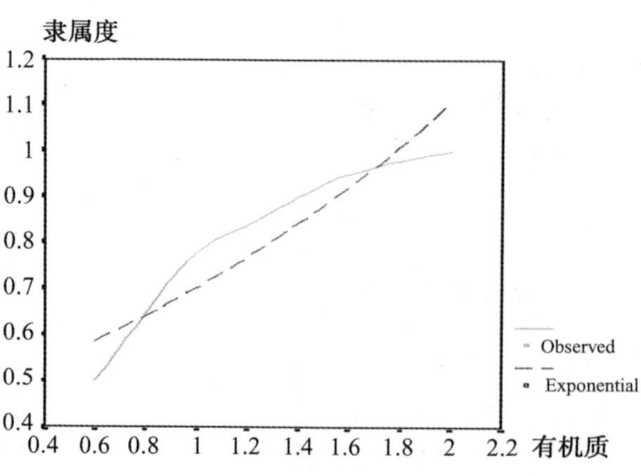

图 5-8 有机质与隶属度关系曲线

其隶属函数为戒上型,形式为:

$$y=\begin{cases}0 & (x\leqslant x_t)\\ 1/[1+A(x-C)^2] & (x_t<x<C)\\ 1 & (C\leqslant x)\end{cases}$$

各参评因素类型及其隶属函数如表 5-8 所示。

表 5-8　参评因素类型及其隶属函数

函数类型	参评因素	隶属函数	A	C	U_t
戒上型	有机质(g/kg)	$y=1/[1+A(x-C)^2]$	0.543	1.822	0.35
戒上型<110	有效磷(mg/kg)	$y=1/[1+A(x-C)^2]$	0.0000992	80.159	3
戒下型>110			0.00000742	111.967	450
戒上型	速效钾(mg/kg)	$y=1/[1+A(x-C)^2]$	0.0000076	327.836	15
戒上型	有效锌(mg/kg)	$y=1/[1+A(x-C)^2]$	0.245	1.924	0.1
戒上型	有效硼(mg/kg)	$y=1/[1+A(x-C)^2]$	0.251	1.879	0.1
正直线型	灌溉保证率(分值)	$y=Ax$	0.01	100	0
正直线型	矿化度(分值)	$y=Ax$	0.01	100	0
正直线型	土体构型(分值)	$y=Ax$	0.01	100	0
正直线型	耕层质地(分值)	$y=Ax$	0.01	100	0
正直线型	盐渍化程度(分值)	$y=Ax$	0.01	100	0
正直线型	地貌类型(分值)	$y=Ax$	0.01	100	0

二、耕地地力等级的确定

(一)计算耕地地力综合指数

用指数和法来确定耕地的综合指数,公式为:

$$\mathrm{IFI}=\sum F_i\times C_i$$

其中,IFI(Integrated Fertility Index)代表耕地地力综合指数,F_i 为第 i 个因素评语,C_i 为第 i 个因素的组合权重。

具体操作过程:在县域耕地资源管理信息系统中,在“专题评价”模块中编辑立地条件、物理性状和化学性状的层次分析模型以及各评价因子的隶属函数模型,然后选择“耕地生产潜力评价”功能进行耕地地力综合指数的计算。

(二)确定最佳的耕地地力等级数目

计算耕地地力综合指数之后,在耕地资源管理信息系统中选择累积曲线分级法进行评价,根据曲线斜率的突变点(拐点)来确定等级的数目和划分综合指数的临界点,将岱岳区耕地地力共划分为 6 个等级,各等级耕地地力综合指数如表 5-9 所示,综合指数分布如图 5-9 所示。

表 5-9　　岱岳区耕地地力等级综合指数

IFI	＞0.87	0.77～0.87	0.66～0.77	0.56～0.66	0.47～0.56	＜0.47
耕地地力等级	一级地	二级地	三级地	四级地	五级地	六级地

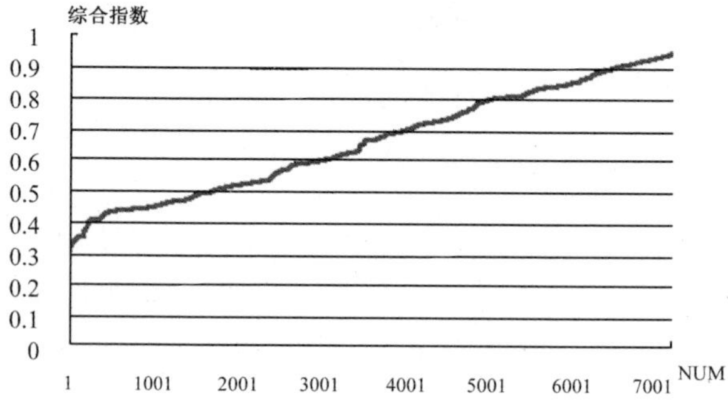

图 5-9　岱岳区综合指数分布图

第六节　成果图编制及面积量算

一、图件的编制

为了提高制图的效率和准确性，在地理信息系统软件 MAPGIS 的支持下，进行岱岳区耕地地力评价图及相关图件的自动编绘处理，其步骤大致分以下几步：扫描矢量化各基础图件→编辑点、线→点、线校正处理→统一坐标系→区编辑并对其赋属性→根据属性赋颜色→根据属性加注记→图幅整饰输出。另外还充分发挥 MAPGIS 强大的空间分析功能，用评价图与其他图件进行叠加，从而生成其他专题图件，如评价图与行政区划图叠加，进而计算各行政区划单位内的耕地地力等级面积等。

（一）专题图地理要素底图的编制

专题地图的地理要素内容是专题图的重要组成部分，用于反映专题内容的地理分布，并作为图幅叠加处理等的分析依据。地理要素的选择应与专题内容相协调，考虑图面的负载量和清晰度，应选择基本的、主要的地理要素。

以岱岳区最新的土地利用现状图为基础，对此图进行制图综合处理，选取主要的居民点、交通道路、水系、区界线等及其相应的注记，进而编辑生成 1∶50000 各专题图地理要素底图。

（二）耕地地力评价图的编制

以耕地地力评价单元为基础，根据各单元的耕地地力评价等级结果，对相同等级的相邻评价单元进行归并处理，得到各耕地地力等级图斑。在此基础上，分两个层次进行图面耕地地力等级的表示：一是颜色表示，即赋予不同耕地地力等级以相应的颜色。二是代号表示，用罗马数字Ⅰ、Ⅱ、Ⅲ、Ⅳ、Ⅴ、Ⅵ表示不同的耕地地力等级，并在评价图相应的耕地地力图斑上注明。将评价专题图与以上的地理要素图复合，整饰得出岱岳区 1∶50000 耕地地力评价图。

（三）其他专题图的编制

对于有机质、速效钾、有效磷、有效锌等其他专题要素地图，则按照各要素的分级分别赋予相应的颜色，标注相应的代号，生成专题图层。之后与地理要素图复合，编辑处理生成专题图件，并进行图幅的整饰处理。

二、面积的量算

面积的量算可通过与专题图相对应的属性库的操作直接完成。对耕地地力等级面积的量算，则可在 FOXPRO 数据库的支持下，对图件属性库进行操作，检索相同等级的面积，然后汇总得出各类耕地地力等级的面积，根据岱岳区图幅理论面积进行平差，得到准确的面积数值。对于不同行政区划单位内部、不同的耕地利用类型等的耕地地力等级面积的统计，则通过耕地地力评价图与相应的专题图进行叠加分析，由其相应属性库统计获得。

第六章　耕地地力分析

本次耕地地力分析，按照农业部耕地质量调查和评价的规程及相关标准，结合当地实际情况，选取了对耕地地力影响较大、区域内变异明显、在时间序列上具有相对稳定性、与农业生产有密切关系的12个因素建立评价指标体系。以土壤图与土地利用现状图叠加形成评价单元，应用模糊综合评判方法，通过综合分析，将岱岳区耕地共划分为6个等级，根据评价结果进行耕地地力的系统分析。

第一节　耕地地力等级及空间分布

一、耕地地力等级面积

利用MAPGIS软件，对评价图属性库进行操作，检索统计耕地各等级的面积和图幅总面积。以2008年岱岳区耕地总面积为基准，按面积比例平差，计算出各耕地地力等级面积。

泰安市岱岳区耕地总面积为63168hm^2，各级地分布不均，二级地面积最大，占耕地总面积的19.01%（见表6-1）。

表6-1　岱岳区耕地地力评价结果面积统计

等　级	一级地	二级地	三级地	四级地	五级地	六级地
面积(hm^2)	8681.11	12011.28	11465.71	8932.47	11145.37	10932.06
百分比(%)	13.74	19.02	18.15	14.14	17.64	17.31

二、耕地地力空间分布分析

（一）耕地地力等级分布

一级地和二级地主要分布于岱岳区西南部和东部，区域内农业基础设施均配套成形。测土配方施肥工程也首先在这一区域展开。三级地主要集中在祝阳镇、徂徕镇、良庄镇和夏张镇部分地区，属于只要加大资金投入，完善基础设施，改善生产条件，产量就能大幅提高的中产田类型，有一定的开发潜力。四级地分布较分散，在道朗镇、角峪镇、良庄镇和房村镇等都有分布。五级地主要分布在道朗镇、北集坡街道办事处、满庄镇和大汶口镇，其他乡镇（街道办事处）也有点片分布。六级地主要分布在岱岳区西北部，中部也有零星分布，这部分耕地有效耕层薄，肥力低，基本无灌溉条件，还有部分未利用土地，属于低产田类型。

从等级的分布地域特征可以看出，等级的高低与地貌类型、土壤类型及海拔高度之间存在着密切的关系，呈明显的地域分布规律：随着耕地地力等级的提高，地貌类型沿着倾斜平地—缓岗地—沿河平地—河漫滩—沟谷梯田—坡麓梯田方向变化。土壤类型由褐土性土、淋溶褐土、潮褐土到湿潮土、盐化潮土、砂姜黑土再到褐土性土、棕壤性土，向着石碴土、砾质土转化。

（二）耕地地力等级的行政区域划分

将岱岳区耕地地力等级分布图与岱岳区行政区划图进行叠置分析，从耕地地力等级行政区域分布数据库中，按权属字段检索出各等级的记录，统计出各级地在各乡镇（街道办事处）的分布状况（见表 6-2）。

表 6-2　岱岳区耕地地力等级行政区域分布

乡镇（街道办事处）		一级地	二级地	三级地	四级地	五级地	六级地	合计
下港乡	面积（hm^2）				480.2		1383.11	1863.31
	百分比（%）				25.77		74.23	100
黄前镇	面积（hm^2）				11.98	352.52	211.53	576.03
	百分比（%）				2.08	61.2	36.72	100
祝阳镇	面积（hm^2）	137.8	501.16	1549.98	575.76	162.85	1217.01	4144.55
	百分比（%）	3.32	12.09	37.4	13.89	3.93	29.36	100
山口镇	面积（hm^2）	332.96	675.67	633.58	102.54	680.92	417.76	2843.43
	百分比（%）	11.71	23.76	22.28	3.61	23.95	14.69	100
范镇	面积（hm^2）	2345.83	1370.54	60.37				3776.74
	百分比（%）	62.11	36.29	1.6				100
粥店街道办事处	面积（hm^2）				76.44	200.48	367.27	644.2
	百分比（%）				11.87	31.12	57.01	100
角峪镇	面积（hm^2）	1151.69	470.06	627.91	817.97	7.37		3075
	百分比（%）	37.45	15.29	20.42	26.6	0.24		100
道朗镇	面积（hm^2）			1426.79	243.74	2345.06	856.32	4871.91
	百分比（%）			29.29	5	48.13	17.58	100
天平街道办事处	面积（hm^2）				219.19	197.5	774.8	1191.48
	百分比（%）				18.4	16.58	65.03	100

续表

乡镇(街道办事处)		一级地	二级地	三级地	四级地	五级地	六级地	合计
夏张镇	面积(hm²)	4.19	2004.86	2234.91	905.84	304.53	519.32	5973.66
	百分比(%)	0.07	33.56	37.41	15.16	5.1	8.69	100
北集坡街道办事处	面积(hm²)			143.49	1276.08	745.08	618.46	2783.1
	百分比(%)			5.16	45.85	26.77	22.22	100
满庄镇	面积(hm²)	454.22	870.34	178.18	262.88	848.34	2814.22	5428.19
	百分比(%)	8.37	16.03	3.28	4.84	15.63	51.84	100
徂徕镇	面积(hm²)	48.96	803.5	1532.13	1293.11	12.09	66.53	3756.31
	百分比(%)	1.3	21.39	40.79	34.43	0.32	1.77	100
房村镇	面积(hm²)	446.13	897.84	109.28	743.65	617.96	175.72	2990.58
	百分比(%)	14.92	30.02	3.65	24.87	20.66	5.88	100
化马湾乡	面积(hm²)		76.38	1480.72	927.71		713.32	3198.12
	百分比(%)		2.39	46.3	29.01		22.3	100
良庄镇	面积(hm²)		3784.58	1321.59	559.74	679.42	533.78	6879.11
	百分比(%)		55.02	19.21	8.14	9.88	7.76	100
马庄镇	面积(hm²)	1869.34	245.38			1017.64		3132.36
	百分比(%)	59.68	7.83			32.49		100
大汶口镇	面积(hm²)	1890	310.96	166.78	435.65	2973.62	262.91	6039.92
	百分比(%)	31.29	5.15	2.76	7.21	49.23	4.35	100

第二节　耕地地力等级分述

一、一级地

(一)面积与分布

一级地综合评价指数高于 0.87,耕地面积为 8681.11hm²,占岱岳区耕地总面积的 13.74%。其中水浇地 6483.89hm²,占一级地面积的 74.69%,旱地 1084.97hm²,占一级地面积的 12.5%,菜地 1112.24hm²,占一级地面积的 12.81%(见表 6-3)。

表 6-3　　各利用类型一级地面积

利用类型	评价单元(个)	面积(hm^2)	占耕地总面积(%)	占一级地面积(%)
水浇地	793	6483.89	10.26	74.69
旱地	123	1084.97	1.72	12.5
菜地	127	1112.24	1.76	12.81
合计	1043	8681.11	13.74	100

一级地主要分布于马庄镇、大汶口镇、范镇、角峪镇,其他乡镇(街道办事处)也有零星分布。

(二)主要属性分析

一级地土种以典型棕壤、典型褐土、淋溶褐土、潮褐土、典型砂姜黑土、洪冲积褐土为主。耕层质地以中壤和轻壤为主,也有少量重壤。地貌类型以倾斜平地、微倾斜平地、沿河阶地、河漫滩为主,地势平坦,土层厚,无明显障碍层,土壤理化性状良好,可耕性强,灌溉保证率在75%以上。土壤养分中除速效钾含量较低,其他养分含量较理想(见表6-4)。

表 6-4　　一级地主要养分含量

项 目	有机质(g/kg)	有效磷(mg/kg)	速效钾(mg/kg)	有效锌(mg/kg)	有效硼(mg/kg)
平均值	13.49	26.86	112.02	1.51	0.4
范围值	7.02～23.93	9.64～52.57	46.43～245.38	0.25～4.8	0.21～0.65
含量水平	中偏上	中等	中偏下	中偏上	中等

(三)存在问题

一是该地区属岱岳区经济较发达地区,人们历来较注重二、三产业,农业投入比例明显低于二、三产业投入;二是土壤肥力与高产、高效农业的需求还有一定差距,有些养分含量相对较低;三是施肥、用药种类与比例不合理,缺乏针对性,盲目性较大;四是由于经济发达,工矿企业较多,点源污染程度有所加重。

(四)合理利用

一级地是岱岳区综合性能最好的耕地,各项评价指标均属良好型。土层厚,排灌性好,易于耕作,养分含量高,保肥、保水,适于各种作物生长。利用方向是发展高产、优质、高效农业,如无公害蔬菜基地、日光温室、反季节瓜果栽培等。为此,应搞好以下工作:

(1)农业部门应结合科技入户、配方施肥等工程,加大宣传力度,转变观念,提高认识,加大农业投入,提升农业综合生产能力。

(2)增施有机肥,增加土壤有机质含量,实施平衡施肥,防止土壤污染,适量补施微肥,提高耕地质量。

(3)加大检测力度,确保农业灌溉、施肥、用药安全,搞好无公害生产。

二、二级地

(一)面积与分布

二级地综合评价指数为0.77～0.87，耕地面积为12011.28hm²，占岱岳区耕地总面积的19.02%。其中水浇地8412.79hm²，占二级地面积的70.04%，旱地2554.65hm²，占二级地面积的21.27%；菜地1043.85hm²，占二级地面积的8.69%(见表6-5)。

表6-5　各利用类型二级地面积

利用类型	评价单元(个)	面积(hm²)	占耕地总面积(%)	占二级地面积(%)
水浇地	971	8412.79	13.32	70.04
旱地	287	2554.65	4.04	21.27
菜地	133	1043.85	1.65	8.69
合计	1391	12011.28	19.01	100

二级地主要分布在夏张镇、良庄镇、范镇、房村镇，其他乡镇(街道办事处)也有零星分布。

(二)主要属性分析

二级地土壤类型为典型棕壤、潮棕壤、淋溶褐土、典型褐土、潮褐土和典型砂姜黑土。微地貌类型以倾斜平地、微倾斜平地、近山阶地和坡麓梯田为主。多数土层较厚，无明显障碍层次，土壤理化性状较好，可耕性较强，灌溉保证率多数在55%以上，土壤养分速效钾和有效硼的含量偏低(见表6-6)。

表6-6　二级地主要养分含量

项　目	有机质(g/kg)	有效磷(mg/kg)	速效钾(mg/kg)	有效锌(mg/kg)	有效硼(mg/kg)
平均值	13.73	24.49	136.85	1.91	0.37
范围值	6.02～22.89	3.50～52.51	45.67～295.45	0.39～4.37	0.08～0.92
含量水平	中偏上	中等	中等	中偏上	中偏下

(三)存在问题

二级地主要问题是部分耕地环境质量欠佳，部分耕地灌溉不能保证，土壤养分含量偏低，漏水、漏肥。

(四)合理利用

增施有机肥料，培肥地力；采取深耕等措施，改良土壤质地和构型，同时与农田基础建设相结合，兴修水利，扩大灌溉面积；扩大肥源，培肥土壤；合理轮作，调剂养分，余缺互补。

三、三级地

(一)面积与分布

三级地综合评价指数为0.66～0.77，耕地面积为11465.71hm²，占岱岳区耕地总面积的 18.16%。其中水浇地 5576.11hm^2，占三级地面积的 48.63%；旱地 5880.03hm^2，占三级地面积的 51.28%；菜地 9.57hm^2，占三级地面积的 0.08%(见表 6-7)。

表 6-7 各利用类型三级地面积

利用类型	评价单元(个)	面积(hm^2)	占耕地总面积(%)	占三级地面积(%)
水浇地	645	5576.11	8.83	48.63
旱地	598	5880.03	9.31	51.28
菜地	2	9.57	0.02	0.08
合计	1245	11465.71	18.16	100

三级地主要分布在良庄镇、祝阳镇、夏张镇和徂徕镇，其他乡镇(街道办事处)也有零星分布。

(二)主要属性分析

三级地土壤类型以典型棕壤、淋溶褐土、潮褐土、典型褐土为主，兼有少量酸性粗骨土和典型砂姜黑土。耕层质地以中壤、轻壤居多，有少量沙壤。微地貌类型以近山阶地和坡麓梯田为主，有少量倾斜平地。土层厚，土壤理化性质较好，可耕性较强，部分耕地灌溉保证率较低，一水区所占面积较大。土体构型为轻壤厚黏心、轻壤砂心、中壤厚黏心，兼有少量砂均质，土壤通透性差，地下水位高，偶有次生潜育化发生。土壤速效钾和有效硼含量偏低(见表 6-8)。

表 6-8 三级地主要养分含量

项　目	有机质(g/kg)	有效磷(mg/kg)	速效钾(mg/kg)	有效锌(mg/kg)	有效硼(mg/kg)
平均值	9.98	22.79	90.35	1.43	0.39
范围值	6.59～17.91	8.04～45.66	49.22～252.72	0.54～4.91	0.1～1.14
含量水平	中偏下	中等	中偏下	中等	中偏下

(三)存在问题

部分耕地水浇条件受一定限制，耕地坡度较大，耕地养分有不平衡现象。

(四)合理利用

一是大搞农田基本建设，维护和建设水利设施，大力推广节水灌溉，提高灌溉保证率；二是平田整地，深翻改土，加深耕层厚度，改善土壤物理性状；三是增施有机肥料和微肥。改良利用的重点是农田基本建设、增施有机肥和提高土壤环境质量。

四、四级地

(一)面积与分布

四级地综合评价指数为 0.56～0.66，耕地面积为 8932.47hm^2，占岱岳区耕地总面积的 14.14%。其中水浇地 5047.43hm^2，占四级地面积的 56.51%；旱地 3707.35hm^2，占四级地面积的 41.5%；菜地 177.69hm^2，占四级地面积的 1.99%(见表 6-9)。

表 6-9　　各利用类型四级地面积

利用类型	评价单元(个)	面积(hm^2)	占耕地总面积(%)	占四级地面积(%)
水浇地	593	5047.43	7.99	56.51
旱地	441	3707.35	5.87	41.5
菜地	23	177.69	0.28	1.99
合计	1057	8932.47	14.14	100

四级地主要分布徂徕镇、北集坡街道办事处、化马湾乡和夏张镇,其他乡镇(街道办事处)也有点片分布。

(二)主要属性分析

四级地土壤以粗骨土、棕壤、褐土为主,部分耕地土层较薄,砾石多,剖面构型为轻壤表厚砂心、轻壤表厚黏心、中壤表厚黏心、粗砂表中层、粗砂表薄层等,部分耕地障碍层为砾质或夹砂,通透性差,微地貌类型以坡麓梯田为主。灌溉保证率较低,有大面积耕地为一水区或不能灌溉区。坡度较大,有大面积耕地坡度大于 5 度。有效磷、速效钾、有效硼含量偏低(见表 6-10)。

表 6-10　　四级地主要养分含量

项　目	有机质(g/kg)	有效磷(mg/kg)	速效钾(mg/kg)	有效锌(mg/kg)	有效硼(mg/kg)
平均值	10.05	20.2	86.21	1.48	0.44
范围值	6.88～21.69	4.65～51.99	45.15～289.71	0.46～5.63	0.19～1.02
含量水平	中等	中偏下	中偏下	中等	中偏下

(三)存在问题

该级地灌溉条件差,干旱是最主要的限制因子,障碍层多为砾质,地貌类型较差。

(四)改良利用

修筑梯田,平整土地,增施有机肥,改善土壤环境,提高雨水利用率;调整种植业结构,大力发展旱作农业,利用山区环境好、无污染的特点,引导鼓励农民发展果品生产。

五、五级地

(一)面积与分布

五级地综合评价指数为 0.47～0.56,耕地面积为 11145.37hm^2,占岱岳区耕地总面积的 17.64%。其中水浇地 5532.19hm^2,占五级地面积的 49.64%;旱地 5585.87hm^2,占五级地面积的 50.12%;菜地 27.3hm^2,占五级地面积的 0.24%(见表 6-11)。

表 6-11 各利用类型五级地面积

利用类型	评价单元(个)	面积(hm^2)	占耕地总面积(%)	占五级地面积(%)
水浇地	682	5532.19	8.76	49.64
旱地	567	5585.87	8.84	50.12
菜地	4	27.3	0.04	0.24
合计	1253	11145.37	17.64	100

五级地主要分布在大汶口镇、马庄镇、道朗镇、北集坡街道办事处、山口镇等。

(二)主要属性分析

五级地土壤类型为粗骨土、褐土和棕壤,微地貌类型以坡麓梯田、近山阶地和沟谷梯田为主。耕层质地主要是砂土、沙壤、轻壤和中壤,土层薄,部分耕地障碍层为砾质,灌溉保证率较低,有大面积地区为无水区,土壤有效磷、速效钾和有效硼含量较低(见表 6-12)。

表 6-12 五级地主要养分含量

项 目	有机质(g/kg)	有效磷(mg/kg)	速效钾(mg/kg)	有效锌(mg/kg)	有效硼(mg/kg)
平均值	11.09	24.34	84.46	1.31	0.38
范围值	6.56～20.26	9.13～48.9	46.2～210	0.27～3.98	0.25～0.76
含量水平	中等	中偏下	中偏下	中等	中偏下

(三)改良利用

五级地分布在山丘地区的近山阶地和坡麓梯田上,在利用方向上应根据实际情况发展经济林、用材林,以防止水土流失,保护自然植被。

六、六级地

(一)面积与分布

六级地综合评价指数低于 0.47,耕地面积为 10932.06hm^2,占岱岳区耕地总面积的 17.31%。其中水浇地 2203.34hm^2,占六级地面积的 20.15%;旱地 8722hm^2,占六级地面积的 79.78%;菜地 6.72hm^2,占六级地面积的 0.06%(见表 6-13)。

表 6-13 各利用类型六级地面积

利用类型	评价单元(个)	面积(hm^2)	占耕地总面积(%)	占六级地面积(%)
水浇地	276	2203.34	3.49	20.15
旱地	903	8722	13.81	79.78
菜地	1	6.72	0.01	0.06
合计	1180	10932.06	17.31	100

六级地主要分布在满庄镇、祝阳镇和道朗镇,其他乡镇(街道办事处)也有零星分布。

(二)主要属性分析

六级地土壤以粗骨土、棕壤、褐土为主,特点是部分耕地土层薄,发育不完全,没有心土层,砾石多。耕层质地主要为沙壤和砂土,剖面构型为轻壤表厚黏心、粗砂表中层、粗砂表薄层等,大部分耕地障碍层为砾质,通透性差。灌溉保证率较低,有大面积耕地为一水区或不能灌溉区。坡度较大,有大面积耕地坡度大于5度,土壤有机质、有效磷、速效钾和有效硼含量偏低(见表6-14)。

表6-14 六级地主要养分含量

项　目	有机质(g/kg)	有效磷(mg/kg)	速效钾(mg/kg)	有效锌(mg/kg)	有效硼(mg/kg)
平均值	9	19.68	75.59	1.19	0.35
范围值	5.64～14.45	5.05～45.96	48.61～173.9	0.37～4.23	0.17～0.97
含量水平	中偏下	中偏下	中偏下	中等	中偏下

(三)存在问题

耕地水浇条件受一定限制,土体构型较差,耕地坡度较大,耕地养分含量较低。

(四)合理利用

一是大搞农田基本建设,维护和建设水利设施,大力推广节水灌溉,提高灌溉保证率;二是平整土地,深翻改土,加深耕层厚度,改善土壤物理性状;三是增施有机肥料和微肥。改良利用的重点是农田基本建设、增施有机肥和提高土壤环境质量。

第七章　耕地资源管理信息系统建设

第一节　耕地资源管理信息系统数据库

一、项目来源及目的意义

泰安市岱岳区耕地资源管理信息系统数据库建设工作，是农业部沃土工程“科学施用化肥”即测土配方施肥工作的重要组成部分，是国家实现农业科学种田，促进粮食稳定生产，实现农业科学施肥经常化、普及化的重要工作，是实现农业耕地地力评价成果资料统一化、标准化的重要计划，是实现综合农业信息资料共享的技术手段。岱岳区耕地资源管理信息系统数据库建设工作是对最新的土地利用现状调查成果，第二次土壤普查的土壤、地貌等成果，本次耕地地力评价工作采集的土壤化学分析等成果进行汇总，建立一个集空间数据库和属性数据库的存储、管理、查询、分析、显示为一体的数据库，为科学种田及施肥、农业的可持续发展、深化农业科学管理工作服务。

二、建库单位组成

为加快岱岳区耕地资源管理信息系统数据库建设工作，依据农业部县域耕地资源管理信息系统数据库建设工作要求，由多年来一直从事农业测土施肥研究、耕地地力评价、数据库建设工作有一定经验的单位组成联合工作组。

山东省土壤肥料总站：负责评价及建库工作组织、协调、标准制定、土壤图成果资料的归属核查处理等。

山东农业大学资源与环境学院：负责耕地地力评价图、土壤化学微量元素系列图及研究报告编制等。

山东天地亚太国土遥感有限公司：负责土地、土壤、矿化度、地貌、灌溉分区等图件扫描矢量化及几何校正处理等编图工作，耕地地力评价所有建库资料统一化、标准化处理，空间数据库和属性数据库建设，耕地地力评价成果图件修改编辑及图件输出、数据库建设报告编制等工作。

三、建库工作的软硬件环境

（一）主要硬件

P4 3.0 计算机 10 台，HP5000 和 HP3500 绘图仪各 1 台。

（二）软　件

MAPGIS 6.7 软件 10 套，ARCGIS 9.2 软件 2 套，县域耕地资源管理信息系统软件 2 套，ENVI 4.6 遥感图像处理与分析软件 1 套。

第二节　建库内容及建库工作中主要问题的处理

一、建库内容

依据农业部耕地地力评价工作数据库建设的要求，岱岳区耕地资源管理信息系统数据库建设工作包括空间数据库和属性数据库两部分内容。属性数据库严格按照县域耕地资源管理信息系统数据字典及建库区提供的有关数据编制。空间数据库包括土地利用现状图、土壤图、坡度图、灌溉分区图、地貌图、耕地地力调查点点位图、耕地地力评价等级图、土壤化学微量元素系列图等。

二、建库工作中的主要问题

岱岳区耕地资源管理信息系统数据库建设工作由于涉及的内容多，加之部分资料为第二次土壤普查的资料，与县域耕地资源管理信息系统数据字典的要求对比存在以下问题：

(1)第二次土壤普查的成果均为纸介质图，因图纸折叠和自然伸缩的影响，图件变形大，形成较大的误差。

(2)土地利用现状图为 2006 年以前的现状，近年来交通用地和蔬菜地等出现变化等。

(3)岱岳区土壤图中的土种名称和编码与山东省土种归属要求、全国土种标准名称与编码等不一致。

(4)岱岳区的地貌图为微地貌图，与县域耕地资源管理信息系统数据字典中地貌划分的名称不能一一对应。

(5)同一个区已有资料坐标系不统一问题，如第二次土壤普查图件为 1954 年北京坐标系，土地利用现状图或行政区划图为 1980 年西安坐标系等。

三、建库工作中有关问题的处理

(1)依据 1∶50000 标准分幅地形图，对所有建库的纸介质成果图全部进行几何校正处理，以消除纸介质成果图的误差。

(2)依据较新的航天卫星资料对近年来变化的公路、铁路等进行修改补充。

(3)为使岱岳区土种的名称及代码与省标和国标相对应，在耕地资源管理信息系统数据库建设前，首先对土壤图中所有图斑内容进行检查统计，组织专家对错漏问题进行修改及编制土种归属表，最后由山东省土肥站进行土种归属复查处理，在此基础上编制了国标、省标、区土壤名称及代码对比表。为方便区域土壤图的利用和对比,建库后的图中仍保留了原区域土壤图的土种代码,属性挂接为国标代码。

(4)由于县域耕地资源管理信息系统数据字典中划分的地貌名称少,其地貌名称不能一一对应,在建库时尽量选择与数据字典中相近的地貌名称进行编码。为方便地貌图的利用和对比,在地貌图中保留了原地貌图的名称和代码,图例中增加了建库数据字典中规定的地貌名称、代码与区原地貌名称、代码的对比表,属性挂接为数据字典中规定的地貌名称和代码。

(5)对同一个区已有资料坐标系不统一问题,依据数据库建设要求,所有成果全部统一到高斯—克吕格投影,6 度分带,1954 年北京坐标系中。

第三节 数据库标准化

一、标准引用

县域耕地资源管理信息系统数据字典中规定的国标及行业有关技术标准:

1. GB/T 2260—2002 《中华人民共和国行政区划代码》
2. NY/T 309—1996 《全国耕地类型区、耕地地力等级划分》
3. NY/T 310—1996 《全国中低产田类型划分与改良技术规范》
4. GB/T 17296—2000 《中国土壤分类与代码》
5. 全国农业区划委员会 《土地利用现状调查技术规程》
6. 国土资源部 《土地利用现状变更调查技术规程》
7. GB/T 13989—1992 《国家基本比例尺地形图分幅与编号》
8. GB/T 13923—1992 《国土基础信息数据分类与代码》
9. GB/T 17798—1999 《地球空间数据交换格式》
10. GB 3100—1993 《国际单位制及其应用》
11. GB/T 16831—1997 《地理点位置的纬度、经度和高程的标准表示方法》
12. GB/T 10113—2003 《分类与编码通用术语》
13. GB/T 10114—2003 《县级以下行政区划代码编制规则》
14. GB/T 9648—1988 《国际单位制代码》
15. 农业部 《全国耕地地力调查与评价技术规程》
16. 农业部 《测土配方施肥技术规范(试行)》(2008 年)
17. 农业部 《测土配方施肥专家咨询系统编制规范(试行)》
18. 山东省县域土种归属标准
19. 山东省县域耕地地力评价标准等

二、空间坐标系及建库平台

(一)空间数据坐标系

投影:高斯—克吕格,6 度分带。坐标系:1954 年北京坐标系,1956 年黄海高程系。比例尺:1∶50000。

(二)数据库采集模板和数据库文件格式

为使所有建库资料达到统一化和标准化,以及满足所有成果图件的输出和耕地资源地力评价工作的需要,对建库资料的扫描矢量化和几何校正处理工作均采用 MAPGIS 平台,数据库的文件格式为 MAPGIS 的点、线、面文件。待数据库成果评审验收和修改后,将 MAPGIS 的点、线、面格式转换为 shape 格式,由 ARCGIS 平台进行数据库规范化处理,最后将数据库资料导入县域耕地资源管理信息系统。

第四节 数据库结构

一、空间数据库图层划分

空间数据库图层划分是严格按照县域耕地资源管理信息系统数据字典要求分层的,每层只反映属性相同的内容。泰安市岱岳区耕地资源管理信息系统数据库建设包括土地利用现状图、第二次土壤普查成果和耕地地力评价等三部分内容,山东省空间数据库图层划分情况如表 7-1 所示。

表 7-1 耕地资源管理信息系统空间数据库分层表

序号	图层代码	图层名称	序号	图层代码	图层名称
1	AD101	行政区划图	18	SP103	耕层土壤有效磷等值线图
2	AD102	县乡村位置图	19	SP104	耕层土壤速效钾等值线图
3	AD103	行政界线图	20	SP105	耕层土壤缓效钾等值线图
4	AD201	辖区边界图	21	SP106	耕层土壤有效锌等值线图
5	AD202	装饰边界图	22	SP108	耕层土壤有效钼等值线图
6	GE103	面状水系图	23	SP109	耕层土壤有效铜等值线图
7	GE104	线状水系图	24	SP110	耕层土壤有效硅等值线图
8	GE105	道路图	25	SP111	耕层土壤有效锰等值线图
9	GE201	坡度图	26	SP112	耕层土壤有效铁等值线图
10	GE203	地貌类型分区图	27	SP201	耕层土壤 pH 等值线图
11	LM102	灌溉分区图	28	SP113	耕层土壤交换性钙等值线图
12	LU101	土地利用现状图	29	SP114	耕层土壤交换性镁等值线图
13	SB101	土壤图	30		耕层土壤有效硫等值线图
14	SB203	地下水矿化度等值线图	31		耕层土壤水解性氮等值线图
15	SB302	耕地地力调查点点位图	32		耕地地力评价等级图
16	SP101	耕层土壤有机质等值线图	33		耕层土壤有效硼等值线图
17	SP102	耕层土壤全氮等值线图			

注:本表为山东省统一的分层情况,泰安市岱岳区为部分图件。

二、属性数据库结构

属性数据结构内容严格按县域耕地资源管理信息系统数据字典及建库区提供的资料编制，属性数据库结构如表 7-2 所示。

表 7-2 耕地资源管理信息系统属性数据库结构表

图名	属性数据结构	字段类型
行政区划图	内部标识码：系统内部 ID 号	长整型，9
	实体类型：point，polyline，polygon	文本型，8
	实体面积：系统内部自带	双精度，19，2
	实体长度：系统内部自带	长整型，10
	县内行政码：根据国家统计局“统计上使用的县以下行政区划代码编制规则”编制	长整型，6
县乡村位置图	内部标识码：系统内部 ID 号	长整型，9
	实体类型：point，polyline，polygon	文本型，8
	X 坐标：无，Y 坐标：无	双精度，19，2
	县内行政码：根据国家统计局“统计上使用的县以下行政区划代码编制规则”编制	长整型，6
	标注类型：村标注，乡标注，县标注	字符串，6
行政界线图	内部标识码：系统内部 ID 号	长整型，9
	实体类型：point，polyline，polygon	文本型，8
	实体长度：系统内部自带	长整型，10
	界线类型：根据国家基础信息标准填写	文本型，40
辖区边界图	内部标识码：系统内部 ID 号	长整型，9
	实体类型：point，polyline，polygon	文本型，8
	实体面积：系统内部自带	双精度，19，2
	实体长度：系统内部自带	长整型，10
	要素代码：依据《国家基础地理信息数据分类与代码》编制要素代码	长整型，5
	要素名称：依据《国家基础地理信息数据分类与代码》编制要素名称	文本型，40
	行政单位名称：单位的实际名称填写	文本型，20
装饰边界图	内部标识码：系统内部 ID 号	长整型，9
面状水系图	内部标识码：系统内部 ID 号	长整型，9
	实体类型：point，polyline，polygon	文本型，8
	实体面积：系统内部自带	双精度，19，2
	实体长度：系统内部自带	长整型，10
	要素代码：依据《国家基础地理信息数据分类与代码》编制要素代码	长整型，5
	要素名称：依据《国家基础地理信息数据分类与代码》编制要素名称	文本型，40
	面状水系码：自定义编码	字符串，5
	面状水系名称：依据 2006 年 10 月版山东省地图册编制	字符串，20
	湖泊储水量：依据 1：50000 地形图	字符串，8

续表

图　名	属性数据结构	字段类型
线状水系图	内部标识码:系统内部 ID 号	长整型,9
	实体类型:point,polyline,polygon	文本型,8
	实体长度:系统内部自带	长整型,10
	要素代码:依据《国家基础地理信息数据分类与代码》编制要素代码	长整型,5
	要素名称:依据《国家基础地理信息数据分类与代码》编制要素名称	文本型,40
	线状水系码:自定义编码	长整型,4
	线状水系名称:依据 2006 年 10 月版山东省地图册编制	文本型,20
	河流流量:无	长整型,6
道路图	内部标识码:系统内部 ID 号	长整型,9
	实体类型:point,polyline,polygon	文本型,8
	实体长度:系统内部自带	长整型,10
	要素代码:依据《国家基础地理信息数据分类与代码》编制要素代码	长整型,5
	要素名称:依据《国家基础地理信息数据分类与代码》编制要素名称	文本型,40
	公路代码:根据国家标准《公路路线命名编号和编码规则命名和编号规则》编制	文本型,11
	公路名称:根据国家标准《公路路线命名编号和编码规则命名和编号规则》编制	文本型,20
地貌类型分区图	内部标识码:系统内部 ID 号	长整型,9
	实体类型:point,polyline,polygon	文本型,8
	实体面积:系统内部自带	双精度,19,2
	实体长度:系统内部自带	长整型,10
	地貌类型:数据引用自"中国科学院生物多样性委员会地貌类型代码库"(四类码)	文本型,18
灌溉分区图	内部标识码:系统内部 ID 号	长整型,9
	实体类型:point,polyline,polygon	文本型,8
	实体面积:系统内部自带	双精度,19,2
	实体长度:系统内部自带	长整型,10
	灌溉水源:县局提供数据	文本型,10
	灌溉水质:无	文本型,4
	灌溉方法:县局提供数据	文本型,18
	年灌溉次数:县局提供数据	文本型,2
	灌溉条件:无	文本型,4
	灌溉保证率:无	长整型,3
	灌溉模数:无	双精度,5,2
	抗旱能力:无	长整型,3

续表

图　名	属性数据结构	字段类型
土地利用现状图	内部标识码：系统内部 ID 号	长整型，9
	实体类型：point，polyline，polygon	文本型，8
	实体面积：系统内部自带	双精度，19，2
	实体长度：系统内部自带	长整型，10
	地类号：国土资源部发布的《全国土地分类》三级类编码	长整型，3
	平差面积：无	双精度，7，2
土壤图	内部标识码：系统内部 ID 号	长整型，9
	实体类型：point，polyline，polygon	文本型，8
	实体面积：系统内部自带	双精度，19，2
	实体长度：系统内部自带	长整型，10
	土壤国标码：土壤类型国标分类系统编码	长整型，8
地下水矿化度等值线图	内部标识码：系统内部 ID 号	长整型，9
	实体类型：point，polyline，polygon	文本型，8
	实体长度：系统内部自带	长整型，10
	地下水矿化度：依据县级矿化度图实际数据填写	双精度，5，1
耕地地力调查点点位图	内部标识码：系统内部 ID 号	长整型，9
	实体类型：point，polyline，polygon	文本型，8
	X 坐标：北京 54 坐标系	双精度，19，2
	Y 坐标：北京 54 坐标系	双精度，19，2
	点县内编号 AP310102：自定义编号	长整型，8
行政区基本情况数据表	县内行政码 SH110102：根据国家统计局“统计上使用的县以下行政	长整型，6
	区划代码编制规则”编制	字符串，6
	省名称：山东省	字符串，8
	县名称：××市，××区，××县	字符串，18
	乡名称：××乡，××镇，××街道	字符串，18
	村名称：××村，××委员会	字符串，20
	行政单位名称：××市，××区，××县，××乡，××镇，××街道，××村，××委员会	字符串，7
	总人口：无	字符串，7
	农业人口：无	字符串，7
	非农业人口：无	双精度，11，2
	国民生产总值 GNP：无	字符串，20
县级行政区划代码表	行政单位名称：××市，××区，××县，××乡××镇××街道××村××委员会	长整型，6
	县内行政码 SH110102：根据国家统计局“统计上使用的县以下行政区划代码编制规则”编制	长整型，9

续表

图　名	属性数据结构	字段类型
土地利用现状地块数据表	内部标识码：系统内部 ID 号	长整型，9
	地类号：国土资源部发布的《全国土地分类》三级类编码	字符串，3
	地类名称：国土资源部发布的《全国土地分类》三级类名称	字符串，20
	计算面积：无	双精度，7，2
	地类面积：无	双精度，7，2
	平差面积：无	双精度，7，2
	报告日期：无	日期型，10
土壤类型代码表	土壤国标码：土壤类型国标分类系统编码	字符串，8
	土壤国标名：土壤类型国标分类系统名称	字符串，20
耕地地力调查点基本情况及化验结果数据表	灌溉水源：县提供数据	字符串，10
	灌溉方法：县提供数据	字符串，18
	调查点国内统一编号：自定义编号	字符串，14
	调查点县内编号：自定义编号	字符串，8
	调查点自定义编号 AP310103：自定义编号	字符串，40
	调查点类型：耕地地力调查点	字符串，20
	户主联系电话：区号一本地电话号码	字符串，13
	调查人联系电话：区号一本地电话号码	字符串，13
耕地地力调查点基本情况及化验结果数据表	调查人姓名：××××	字符串，8
	调查日期：采集当天日期	日期型，10
	≥0℃积温：无	字符串，5
	≥10℃积温：无	字符串，5
	年降水量：县提供数据	字符串，4
	全年日照时数：无	字符串，4
	光能辐射总量：无	字符串，4
	无霜期：县提供数据	字符串，3
	干燥度 CW210107：无	双精度，4，2
	东经：县提供数据	双精度，9，5
	北纬：县提供数据	双精度，8，5
	坡度：地形坡度海拔：海拔高度	双精度，6，1
	坡向：缺少数据	双精度，4，1
	地形部位：数据引用自 NY/T 309－1996《全国耕地类型区、耕地地力等级划分》和 NY/T 310－1996《全国中低产田类型划分与改良技术规范》	字符串，4
	田面坡度：依据田面实际坡度	字符串，50
	灌溉保证率：无	双精度，4，1
	排涝能力：无	字符串，3
	梯田类型：无	字符串，2
	梯田熟化年限：无	字符串，10

续表

图　名	属性数据结构	字段类型
耕地地力调查点基本情况及化验结果数据表	保护块面积:无	字符串,3
	土壤侵蚀类型:无	双精度,7,2
	土壤侵蚀程度:无明显侵蚀,轻度侵蚀	字符串,8
	污染源企业名称:无	字符串,20
	污染源企业地址:无	字符串,50
	液体污染物排放量:无	字符串,50
	粉尘污染物排放量:无	双精度,6,1
	污染面积 LE220105:无	双精度,6,1
	污染物类型:无	双精度,9,2
	污染范围:无	字符串,20
	污染造成的损害:无	字符串,40
	距污染源距离:无	字符串,30
	污染物形态:无	字符串,5
	污染造成的经济损失:无	字符串,4
	省名称:山东省	字符串,9
	县名称:××市,××区,××县	字符串,8
	乡名称:××乡,××镇,××街道	字符串,18
	村名称:××村,××委员会	字符串,18
	户主姓名	字符串,8
	土壤类型代码(国标):根据县提供数据填写	字符串,8
	土类名称(县级):县提供数据	字符串,20
耕地地力调查点基本情况及化验结果数据表	亚类名称(县级):县提供数据	字符串,20
	土属名称(县级):县提供数据	字符串,20
	土种名称(县级):县提供数据	字符串,20
	剖面构型:土层符号代码表、土层后缀符号代码表、剖面构型数据编	字符串,10
	码表是根据《中国土种志》整理	字符串,8
	质地构型:无	字符串,2
	耕层厚度:县提供数据	字符串,10
	障碍层类型:无	字符串,3
	障碍层出现位置:无	字符串,3
	障碍层厚度:无	字符串,30
	成土母质:数据引用于《土壤调查与制图》(第二版),农业出版社	字符串,6
	质地:中壤土,重壤土,沙壤土	双精度,4,2
	容重:县提供数据	字符串,2
	田间持水量:县提供数据	双精度,4,1
	pH:依据土壤化学分析 pH 耕地地力等级评价成果填写	双精度,4,1
	CEC:依据土壤化学分析 CEC 值耕地地力等级评价成果填写	双精度,5,1

续表

图　名	属性数据结构	字段类型
耕地地力调查点基本情况及化验结果数据表	有机质:依据土壤化学分析有机质值耕地地力等级评价成果填写	双精度,6,3
	全氮:依据土壤化学分析全氮值耕地地力等级评价成果填写	字符串,5
	全磷:依据土壤化学分析全磷值耕地地力等级评价成果填写	双精度,5,1
	有效磷:依据土壤化学分析有效磷值耕地地力等级评价成果填写	字符串,4
	缓效钾:依据土壤化学分析缓效钾值耕地地力等级评价成果填写	字符串,3
	速效钾:依据土壤化学分析速效钾值耕地地力等级评价成果填写	双精度,5,2
	有效锌:依据土壤化学分析有效锌值耕地地力等级评价成果填写	双精度,4,2
	水溶态硼:依据土壤化学分析水溶态硼值耕地地力等级评价成果填写	双精度,6,2
	有效硅:依据土壤化学分析有效硅值耕地地力等级评价成果填写	双精度,4,2
	有效钼:依据土壤化学分析有效钼值耕地地力等级评价成果填写	双精度,5,2
	有效铜:依据土壤化学分析有效铜值耕地地力等级评价成果填写	双精度,5,1
	有效锰:依据土壤化学分析有效锰值耕地地力等级评价成果填写	双精度,6,1
	有效铁:依据土壤化学分析有效铁值耕地地力等级评价成果填写	双精度,6,1
	交换性钙:依据土壤化学分析交换性钙值耕地地力等级评价成果填写	双精度,5,1
	交换性镁:依据土壤化学分析交换性镁值耕地地力等级评价成果填写	双精度,5,1
	有效硫:依据土壤化学分析有效硫值耕地地力等级评价成果填写	双精度,5,1
	盐化类型:无	字符串,20
	1m 土层含盐量:无	双精度,5,1
	耕层土壤含盐量:无	双精度,5,1
	水解性氮:依据土壤化学分析水解性氮值耕地地力等级评价成果填写	双精度,5,3
	旱季地下水位:无	字符串,3
	采样深度:县提供数据	字符串,7
耕层土壤有机质等值线图	内部标识码:系统内部 ID 号	长整型,9
	实体类型:point,polyline,polygon	文本型,10
	实体长度:系统内部自带	长整型,10
	有机质:依据土壤化学分析有机质值耕地地力等级评价成果填写	双精度,5,1
耕层土壤全氮等值线图	内部标识码:系统内部 ID 号	长整型,9
	实体类型:point,polyline,polygon	文本型,10
	实体长度:系统内部自带	长整型,10
	全氮:依据土壤化学分析全氮值耕地地力等级评价成果填写	双精度,4,2
耕层土壤有效磷等值线图	内部标识码:系统内部 ID 号	长整型,9
	实体类型:point,polyline,polygon	文本型,10
	实体长度:系统内部自带	长整型,10
	有效磷:依据土壤化学分析有效磷值耕地地力等级评价成果填写	双精度,5,1

续表

图　名	属性数据结构	字段类型
耕层土壤速效钾等值线图	内部标识码:系统内部 ID 号	长整型,9
	实体类型:point,polyline,polygon	文本型,10
	实体长度:系统内部自带	长整型,10
	速效钾:依据土壤化学分析速效钾值耕地地力等级评价成果填写	长整型,3
耕层土壤缓效钾等值线图	内部标识码:系统内部 ID 号	长整型,9
	实体类型:point,polyline,polygon	文本型,10
	实体长度:系统内部自带	长整型,10
	缓效钾:依据土壤化学分析缓效钾值耕地地力等级评价成果填写	长整型,4
耕层土壤有效锌等值线图	内部标识码:系统内部 ID 号	长整型,9
	实体类型:point,polyline,polygon	文本型,10
	实体长度:系统内部自带	长整型,10
	有效锌:依据土壤化学分析有效锌值耕地地力等级评价成果填写	双精度,5,2
耕层土壤有效钼等值线图	内部标识码:系统内部 ID 号	长整型,9
	实体类型:point,polyline,polygon	文本型,10
	实体长度:系统内部自带	长整型,10
	有效钼:依据土壤化学分析有效钼值耕地地力等级评价成果填写	双精度,4,2
耕层土壤有效铜等值线图	内部标识码:系统内部 ID 号	长整型,9
	实体类型:point,polyline,polygon	文本型,10
	实体长度:系统内部自带	长整型,10
	有效铜:依据土壤化学分析有效铜值耕地地力等级评价成果填写	双精度,5,2
耕层土壤有效硅等值线图	内部标识码:系统内部 ID 号	长整型,9
	实体类型:point,polyline,polygon	文本型,10
	实体长度:系统内部自带	长整型,10
	有效硅:依据土壤化学分析有效硅值耕地地力等级评价成果填写	双精度,6,2
耕层土壤有效锰等值线图	内部标识码:系统内部 ID 号	长整型,9
	实体类型:point,polyline,polygon	文本型,10
	实体长度:系统内部自带	长整型,10
	有效锰:依据土壤化学分析有效锰值耕地地力等级评价成果填写	双精度,5,1
耕层土壤有效铁等值线图	内部标识码:系统内部 ID 号	长整型,9
	实体类型:point,polyline,polygon	文本型,10
	实体长度:系统内部自带	长整型,10
	有效铁:依据土壤化学分析有效铁值耕地地力等级评价成果填写	双精度,5,1
耕层土壤 pH 等值线图	内部标识码:系统内部 ID 号	长整型,9
	实体类型:point,polyline,polygon	文本型,10
	实体长度:系统内部自带	长整型,10
	pH:依据土壤化学分析 pH 耕地地力等级评价成果填写	双精度,4,1

续表

图　名	属性数据结构	字段类型
耕层土壤交换性钙等值线图	内部标识码:系统内部ID号 实体类型:point,polyline,polygon 实体长度:系统内部自带 交换性钙:依据土壤化学分析交换性钙值耕地地力等级评价成果填写	长整型,9 文本型,10 长整型,10 双精度,6,1
耕层土壤交换性镁等值线图	内部标识码:系统内部ID号 实体类型:point,polyline,polygon 实体长度:系统内部自带 交换性镁:依据土壤化学分析交换性镁值耕地地力等级评价成果填写	长整型,9 文本型,10 长整型,10 双精度,5,1
耕层土壤有效硫等值线图	内部标识码:系统内部ID号 实体类型:point,polyline,polygon 实体长度:系统内部自带 有效硫:依据土壤化学分析有效硫值耕地地力等级评价成果填写	长整型,9 文本型,10 长整型,10 双精度,5,1
耕层土壤水解性氮等值线图	内部标识码:系统内部ID号 实体类型:point,polyline,polygon 实体长度:系统内部自带 水解性氮:依据土壤化学分析水解性氮值耕地地力等级评价成果填写	长整型,9 文本型,10 长整型,10 双精度,5,3
耕地地力评价等级图	内部标识码:系统内部ID号 实体类型:point,polyline,polygon 实体面积:系统内部自带 等级(县内):‘120’	长整型,9 文本型,10 双精度,19,2 文本型,2
耕层土壤有效硼等值线图	内部标识码:系统内部ID号 实体类型:point,polyline,polygon 实体长度:系统内部自带 有效硼:依据土壤化学分析有效硼值耕地地力等级评价成果填写	长整型,9 文本型,10 长整型,10 双精度,4,2
土壤全盐含量分布图	内部标识码:系统内部ID号 实体类型:point,polyline,polygon 实体长度:系统内部自带 全盐:依据土壤化学分析全盐值耕地地力等级评价成果填写	长整型,9 文本型,10 长整型,10 双精度,4,1
耕层土壤有效镁等值线图	内部标识码:系统内部ID号 实体类型:point,polyline,polygon 实体长度:系统内部自带 有效镁:依据土壤化学分析有效镁值耕地地力等级评价成果填写	长整型,9 文本型,10 长整型,10 长整型,2
耕层土壤有效钙等值线图	内部标识码:系统内部ID号 实体类型:point,polyline,polygon 实体长度:系统内部自带 有效钙:依据土壤化学分析有效钙值耕地地力等级评价成果填写	长整型,9 文本型,10 长整型,10 长整型,2

第五节 建库工作方法

一、数据库质量控制

数据库质量涉及三个方面的工作：一要满足耕地地力评价工作的需要，二要满足耕地资源管理信息系统数据库建设的需要，三要满足建库所有成果图件输出的需要。为满足以上三个方面的要求，在数据库建设工作开展前，首先在有关国标、部标和行业标准的基础上，制定了统一的工作平台、工作方法和流程，成果图件图名、图例和色彩编制要求，成果质量检查工作方法。对耕地地力评价基础性图件首先在建库单位初步检查后，交项目区进行全面检查和修改补充错漏内容，返回建库单位对所有成果图件安排专人进行全面检查和修改，从而保证了数据库的成果质量。

二、建库工作有关规定

为保证建库工作按时及保质完成，成立了建库项目组等。

(一)建库项目组

设立技术负责一人，全面负责建库工作有关规程的学习、日常建库工作安排、工作进度、质量检查、建库数据库资料汇总、MAPGIS 格式建库成果经 ARCGIS 规范化处理、导入县域耕地资源管理信息系统等工作。

(二)质量检查组

安排具有工作经验的人员组成检查组，负责所有建库资料的质量检查及修改工作。

(三)建库工作标准

在建库工作开展前，首先对建库图形子图的大小、线的粗细及线型、面的色彩搭配、图件分层、工作方法和流程下发到每一位建库工作人员手中，统一建库图形扫描矢量化的技术要求。

(四)最终成果检查

所有成果图待评审验收后，依据专家意见，由建库组和耕地地力评价组依据专家和甲方意见进行成果图和数据库修改补充，最后输出成果图件和导入县域耕地资源管理信息系统。

三、建库资料精度及建库工作流程

(一)建库资料精度

为保证建库资料的数学精度，首先形成大于岱岳区范围的 1∶50000 标准图幅理论图框，拼接形成区域的 1∶50000 理论图框。以 1∶50000 标准分幅地形图为基础，在地形图和区域土地利用现状图上选择同名地物点(主要为农村道路交叉点等)为几何校正点。为保证区域图件的精度，选择不少于 30 个几何校正点，每一个几何校正点选择地形图附近的四个公里网交叉点，将其校正到区域的理论图框上，形成满足 1∶50000 精度要求的区域地理底图。以该图为基础，将所有建库成果图件校正到区域地理底图上。

(二)建库工作流程

第一步:首先按照建库工作的基本要求对土地利用现状、土壤、矿化度、灌溉分区、地貌、采样点位等图件进行扫描矢量化和几何校正处理、建库组错漏自查和交甲方进行错漏检查、返回建库组修改及编辑、拓扑检查、属性挂接处理等。第二步:将以上成果交耕地地力评价组进行耕地地力评价工作。第三步:耕地地力评价组将其评价成果资料再返回建库组,由建库组按照县域耕地资源管理信息系统数据库建设要求,对所有建库成果资料进行全面的质量检查及编辑处理、拓扑处理、属性挂接,最后由 MAPGIS—ARCGIS—县域耕地资管理信息系统及时输出成果图件。

(三)主要空间数据库说明

1.行政区划图(地理底图)

以土地利用现状图为背景,分别提取乡镇(街道办事处)、村庄、主要工矿企业建设用地,主要道路、河流、境界、行政区划等内容。参考地图或 1∶50000 地形图,对主要道路、双线河流等地物进行连接并加注地物注记。依据卫星影像等资料,对近年来增加的主要道路进行更新。

2.土壤图

依据土壤调查研究报告、土壤志、山东省土壤分类归属标准,编制土种归属对比表和国标、省标、区三级对比表图例。在土壤图上保留土壤图原始代码,属性挂接为国标代码,可满足部、省、区各级政府工作的需要。

3.地貌图

由于地貌图为微地貌图,为满足部、省、区各级政府使用及建库工作的需要,在地貌图中保留了原地貌代码,其属性尽量对应到数据字典中的名称及代码,在图例中增加了对比表,以满足各项工作的需要。

(四)属性库编制方法

严格按照建库数据字典中的要求及建库单位提供的资料编制各种成果图属性代码。

第六节 建库成果

泰安市岱岳区耕地资源管理信息系统数据库建设成果,包括农业部规定格式的数据库和 MAPGIS 格式的成果共计 22 幅图(见表 7-3)。

表 7 3　　泰安市岱岳区耕地资源信息系统数据库建设成果表

序号	成果图名称	备注
1	岱岳区土地利用现状图	
2	岱岳区地貌图	
3	岱岳区土壤图	
4	岱岳区坡度图	
5	岱岳区耕地地力调查点点位图	

续表

序号	成果图名称	备注
6	岱岳区灌溉分区图	
7	岱岳区土壤 pH 分布图	
8	岱岳区耕地地力评价等级图	
9	岱岳区土壤缓效钾含量分布图	
10	岱岳区土壤碱解氮含量分布图	
11	岱岳区土壤交换性钙含量分布图	
12	岱岳区土壤交换性镁含量分布图	
13	岱岳区土壤全氮含量分布图	
14	岱岳区土壤速效钾含量分布图	
15	岱岳区土壤有机质含量分布图	
16	岱岳区土壤有效磷含量分布图	
17	岱岳区土壤有效硫含量分布图	
18	岱岳区土壤有效锰含量分布图	
19	岱岳区土壤有效硼含量分布图	
20	岱岳区土壤有效铁含量分布图	
21	岱岳区土壤有效铜含量分布图	
22	岱岳区土壤有效锌含量分布图	

泰安市岱岳区耕地资源管理信息系统数据库建设包括空间数据库和属性数据库两部分内容。空间数据库全部是按照县域耕地资源管理信息系统数据字典要求进行的。属性数据库由于部分资料(如土地平差面积等)难以收集到,属性数据仅按照县域耕地资源管理信息系统数据字典要求编制了部分内容。还有,例如耕地地力评价土壤采样点位图利用 GPS 坐标展绘到地理底图上的点与实际点位误差较大,达不到精度要求,所以耕地地力评价土壤调查采样点位图是依据野外采样点位图经扫描矢量化后形成的,属性挂接为 GPS 定点的坐标。

第八章　耕地改良利用

耕地是农业生产和可持续发展的重要基础。耕地维持着作物生产力，影响着环境的质量和动物、植物甚至人类的健康。自1979～1985年第二次土壤普查以来，随着农村经营体制、耕作制度、作物品种、种植结构、产量水平和肥料施用等方面的显著变化，耕地利用状况也发生了明显改变。近年来，虽然对部分耕地实施了地力监测，但至今对区域中低产耕地状况及其障碍因素等缺乏系统性、实用性的调查分析，使耕地利用与改良难以适应新形势下农业生产发展的要求。因此，开展区域耕地地力调查评价，摸清区域中低产耕地状况及其障碍因素，有的放矢地开展中低产耕地的科学改良利用，挖掘区域耕地的生产潜力，探索耕地改良利用的新思路和新方法，对于泰安市岱岳区耕地资源的可持续利用具有十分重要的意义。

第一节　耕地资源的现状与特征

随着城市化进程的不断加快，耕地资源不足以及耕地日益减少趋势突出，人地矛盾日益尖锐，而人口的增长和人们生活水平的提高，必然增加对农产品的需求，农业生产的压力也就越来越大。因此，在当前的形势下，要确保农业可持续发展，必须切实严格保护和合理利用耕地，提高耕地质量，保障粮食安全，必须深入分析目前耕地的利用现状特征，进一步挖潜增效，发展资源节约型高效农业，确保耕地的可持续利用。

一、耕地资源的现状

近年来，泰安市岱岳区认真贯彻《中华人民共和国土地管理法》和《基本农田保护条例》，在严格划定基本农田保护区的基础上，积极开发后备土地资源，实行“谁复垦，谁受益”的办法，调动开垦荒地的积极性，增加耕地，缓和人增地减的矛盾，努力确保耕地面积的稳定。对现有耕地实施土地改良利用综合治理活动。山区进行了塘坝截留、除险加固，修建了竹节坝等集雨设施，最大限度地改善了山区旱地的水浇条件。同时，通过封山育林、退耕还林还果、整修地堰等综合治理措施，达到了泥土不下山、雨水不乱流、抗旱保水土、粮果双丰收的效果。平原推广了秸秆还田、增施有机肥、深耕改土、林田路渠综合配套等技术，有效提高了土壤地力和抗旱能力，促进了全区农业生产的稳产、高产、高效益。为提高耕地资源利用率，着重合理调整优化耕地利用结构，以提高经济效益为中心，以市场为导向，大力发展高产、优质、高效生态农业。

2008年年底，岱岳区耕地面积为63168hm^2，其中水浇地面积为44488.1hm^2，旱地面积为18679.9hm^2。粮食种植面积为73133.3hm^2，其中小麦播种面积为34573.3hm^2，玉米播种面积为36653.3hm^2；蔬菜播种面积为43073.3hm^2，花生播种面积为6520hm^2，红薯播种面积为4686.7hm^2。

二、耕地资源的特征

泰安市岱岳区耕地资源的特征主要表现在复种指数高、区域特点明显和农业设施化三个方面。

(1)高复种指数表现在粮食作物方面，以小麦、玉米一年两作为主，蔬菜品种多为一年两作或一年三作，综合耕地复种指数达174%。菜田多为一年两作或一年三作，综合耕地复种指数达210%。

(2)区域特点明显表现在两个方面。一是作物布局区域明显，东部泰莱平原、南部汶阳田以粮食为主，东南山区、北部山区以粮食和果品为主，汶河沿岸的范镇、良庄、房村是主要的蔬菜产区，东部的祝阳、西南部的夏张是植桑区。二是区域之间受自然条件制约，产量、产值差异十分明显。据本次农户调查结果，同样种植粮食，平原地区因土层厚、有浇水条件，平均单产达13620kg/hm^2，而山区土层薄、无浇水条件，正常年份粮食平均产量只有6750kg/hm^2，如遇干旱年份，部分地块甚至绝产。

(3)农业设施化表现为蔬菜生产的设施化和灌溉设施化。近年来，岱岳区全面推广蔬菜保护地栽培，塑料大棚、拱棚两者占蔬菜地总面积的64%。在粮食生产和果树生产方面，经近年来农田基本建设、农业综合开发，灌溉设施日趋完善。平原地区井渠配套，山区地区库渠配套，集雨水池随处可见，加之大力推广管灌、喷灌、滴灌，使岱岳区灌溉能力大为提高，能有效地抵御干旱危害。

第二节 基于GIS的耕地改良利用分区研究

以泰安市岱岳区为研究区域，运用GIS技术，在确定耕地改良利用分区因子和标准的前提下，对区域内全部耕地状况及其障碍因素进行定量分析，划分耕地改良利用类型区。按照因地制宜、因土适用的原则，提出相应的改良利用措施。

一、耕地改良利用分区原则与分区系统

(一)耕地改良利用分区原则

从耕地自然条件出发，主导性、综合性、实用性和可操作性相结合，按照因地制宜、因土适用合理利用和配置耕地资源，充分发挥各类耕地的生产潜力，坚持用地与养地相结合、近期与长远相结合的原则进行。以土壤组合类型、肥力水平、改良方向和主要改良措施的一致性为主要依据。同时考虑地貌、气候、水文和生态等条件，参照历史与现状等因素综合考虑进行分区。

（二）耕地改良利用分区系统

根据耕地改良利用原则，将影响耕地利用的各类限制因素归纳为耕地自然环境要素、耕地土壤养分要素和耕地土壤物理要素，将岱岳区耕地改良利用划分为三个改良利用类型区，即耕地自然环境条件改良利用区、耕地土壤培肥改良利用区、耕地土体整治改良利用区，并分别用大写字母E、N和P表示。各改良利用类型区内，再根据相应的限制性主导因子，续分为相应的具体改良利用亚类。

二、耕地改良利用分区方法

（一）耕地改良利用分区因子的确定

耕地改良利用分区因子是指参与评定改良利用分区类型的耕地诸属性。由于影响的因素很多，应根据耕地地力评价要求，遵循主要因素原则、差异性原则、稳定性原则、敏感性原则，进行限制性主导因素的选取。考虑与耕地地力评价中评价因素的一致性、各土壤养分的丰缺状况及其相关要素的变异情况，选取耕地土壤有机质含量、耕地土壤有效磷含量、耕地土壤速效钾含量、耕地土壤有效锌含量和耕地土壤有效硼含量作为耕地土壤养分状况的限制性主导因子；选取灌溉保证率、坡度和有效土层厚度作为耕地自然环境状况的限制性主导因子；选取耕层质地条件和土体构型作为耕地土壤物理状况的限制性主导因子。

（二）耕地改良利用分区标准

依据农业部《全国中低产田类型划分与改良技术规范》，根据岱岳区耕地地力评价资料，综合分析目前山东省各耕地改良利用因素的现状水平，同时针对影响全区耕地利用水平的主要因素，邀请具有土壤管理经验的相关专家进行分析，制定了耕地改良利用各主导因子的分区及其耕地改良利用类型的确定标准，具体分级标准如表8-1所示。

表8-1　耕地改良利用主导因子分区标准

耕地改良利用区划	限制因子	代号	分区标准
耕地土壤培肥改良利用区(N)	有机质(o,g/kg)	No	＜12
	有效磷(p,mg/kg)	Np	＜15
	速效钾(k,mg/kg)	Nk	＜100
	有效锌(zn,mg/kg)	Nzn	＜0.5
	有效硼(b,mg/kg)	Nb	＜0.5
耕地自然环境条件改良利用区(E)	灌溉保证(i,%)	Ei	灌溉保障率低于50%
	坡度(s,度)	Es	＞10°
	有效土层(d,cm)	Ed	＜60cm
耕地土体整治改良利用区(P)	耕层质地(t)	Pt	砂土、沙壤、粗骨土
	土体构型(c)	Pc	土体中有障碍层次

（三）耕地改良利用分区方法

在GIS支持下，利用耕地地力评价单元图，根据耕地改良利用各主导因子分区标准在其相应的属性库中进行检索分析，确定各单元相应的耕地改良利用类型，通过图面编辑生成耕地改良利用分区图，并统计各类型面积比例。

三、耕地改良利用分区专题图的生成

（一）耕地土壤培肥改良利用分区图的生成

根据耕地土壤养分限制因素分区标准，把岱岳区耕地有机质分为两类，即有机质改良利用区和有机质非改良利用区，有机质改良利用区用代号No标注。同样，有效磷改良利用区用代号Np标注，速效钾改良利用区用代号Nk标注，有效锌改良利用区用代号Nzn标注，有效硼改良利用区用代号Nb表示。编辑生成耕地土壤培肥改良利用分区图（见图8-1）。

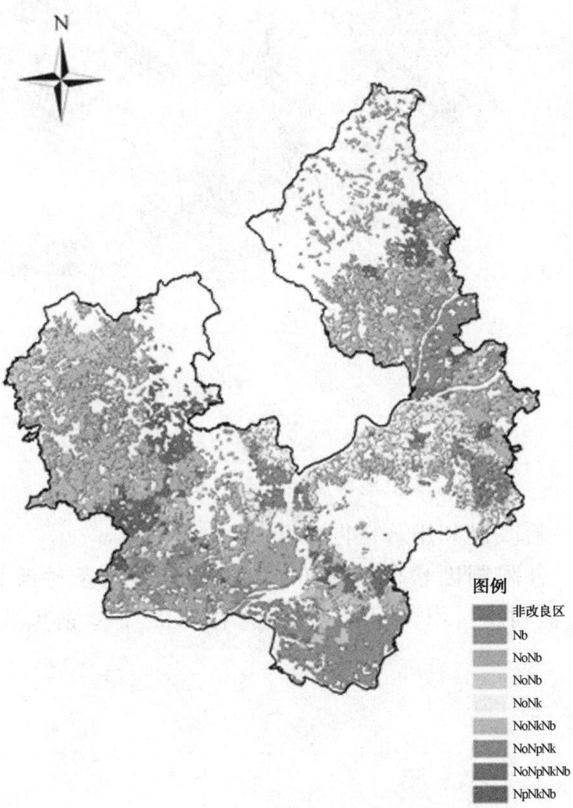

图8-1　耕地土壤培肥改良利用分区图

（二）耕地自然环境条件改良利用分区图的生成

根据耕地自然环境条件限制因素分区标准进行岱岳区耕地改良利用分区。灌溉保证条件分为灌溉保证条件改良利用区和灌溉保证条件非改良利用区，改良利用区用代号Ei标注；坡度条件分为坡度条件改良利用区和坡度条件非改良利用区，改良利用区用代号

Es 标注;有效土层厚度分为有效土层改良利用区和有效土层非改良利用区,改良利用区用代号 Ed 标注。标注结果如图 8-2 所示。

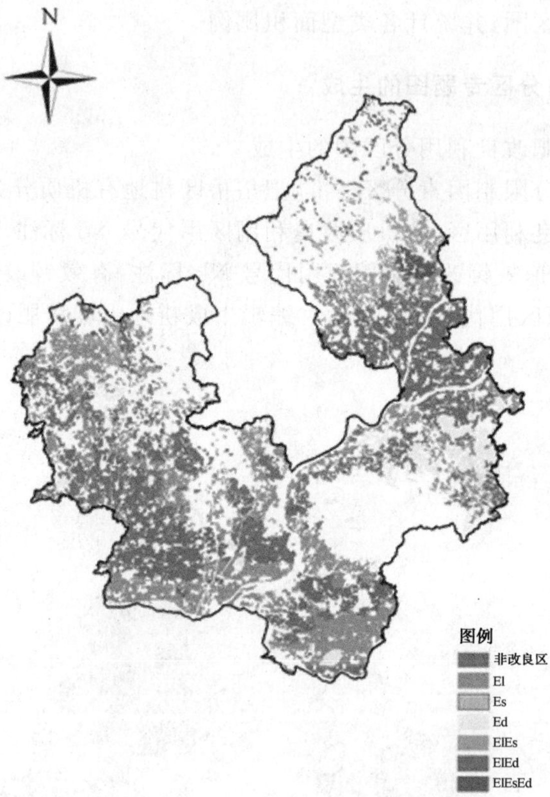

图 8-2 耕地自然环境条件改良利用分区图

(三)耕地土体整治改良利用分区图的生成

根据耕地土地条件限制因素分区标准,耕地耕层质地条件改良利用区用代号 Pt 标注,耕地土体构型改良利用区用代号 Pc 标注。在 GIS 下检索生成耕地土体整治改良利用分区图(见图 8-3)。

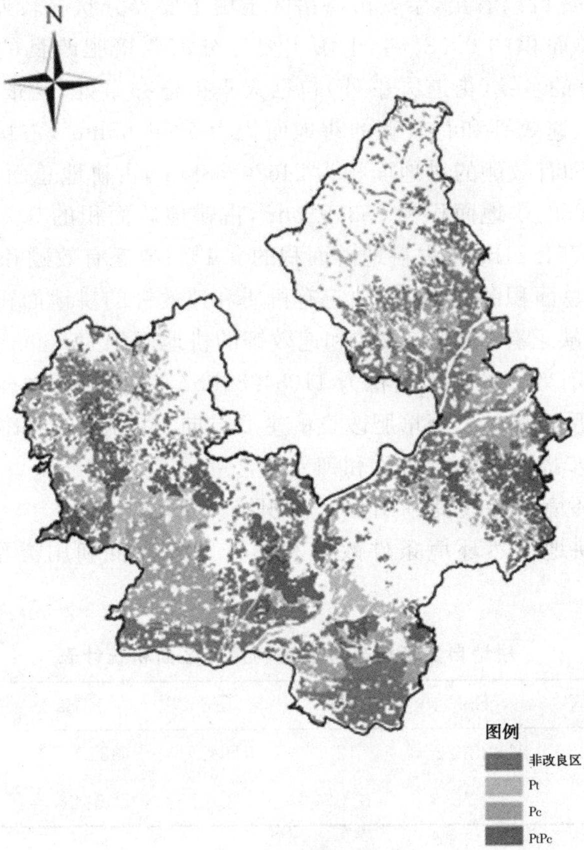

图 8-3　耕地土体整治改良利用分区图

四、耕地改良利用分区结果分析

(一)耕地土壤培肥改良利用分区面积统计及问题分析

泰安市岱岳区耕地土壤培肥改良利用分区各改良利用类型面积及其比例如表 8-2 所示。

表 8-2　　耕地土壤培肥改良利用分区面积统计表

改良利用分区	非改良区	Nb	NoNk	NoNb	NkNb	NoNkNb	NoNpNk	NpNkNb	NoNpNkNb
面积(hm^2)	240.57	11084.82	5884.21	5751.21	7263.68	24626.53	2696.42	353.91	5266.65
百分比(%)	0.38	17.55	9.32	9.1	11.5	38.99	4.27	0.56	8.34

由图 8-1 和表 8-2 可以看出,泰安市岱岳区土壤主要养分状况较差,非改良耕地面积为 240.57hm^2,占耕地总面积的 0.38%。土壤主要养分需要培肥改良的耕地分布比较广泛。主要养分缺乏较严重的乡镇(街道办事处)包括天平街道办事处、夏张镇、满庄镇和祝阳镇。缺乏有机质、有效磷、速效钾和有效硼的耕地面积为 5266.65hm^2,占耕地总面积的 8.34%;缺乏有机质、速效钾和有效硼的耕地面积为 24626.53hm^2,占耕地总面积的 38.99%;缺乏有效磷、速效钾和有效硼的耕地面积为 353.91hm^2,占耕地总面积的 0.56%;缺乏有机质和有效硼的耕地面积为 5751.21hm^2,占耕地总面积的 9.1%;缺乏有效硼和速效钾的耕地面积为 7263.68hm^2,占耕地总面积的 11.5%;缺乏有机质和速效钾的耕地面积为 5884.21hm^2,占耕地总面积的 9.32%;缺乏有机质、有效磷和速效钾的耕地面积为 2696.42hm^2,占耕地总面积的 4.27%;单一缺乏有效硼的耕地面积为 11084.82hm^2,占耕地总面积的 17.55%。从各类型面积比例看出,岱岳区耕地土壤培肥改良的主要方向为增施钾肥和微量元素,同时应注重有机肥料的施用,逐步提高土壤有机质和钾元素含量。

(二)耕地自然环境条件改良利用分区面积统计及问题分析

泰安市岱岳区耕地自然环境条件改良利用分区各改良利用类型面积及其比例如表 8-3 所示。

表 8-3 耕地自然环境条件改良利用分区面积统计表

改良利用分区	非改良区	Ei	Es	Ed	EiEs	EiEd	EiEsEd
面积(hm^2)	25642.23	21328.22	42	5194.14	3320.83	6225.63	1414.96
百分比(%)	40.59	33.76	0.07	8.22	5.26	9.86	2.24

由图 8-2 和表 8-3 可以看出,泰安市岱岳区耕地自然环境条件有待改善。在对岱岳区耕地自然环境条件分析的基础上,发现 40.59%的耕地面积不需改良,需要改良的面积占总面积的 59.41%,分布比较广泛。耕地环境条件较差的乡镇(街道办事处)主要有大汶口镇、满庄镇、道朗镇、良庄镇、化马湾乡和祝阳镇等。灌溉保证水平、坡度和有效土层厚度都需改善的耕地面积为 1414.96hm^2,占耕地总面积的 2.24%;灌溉保证水平和坡度需要改善的耕地面积为 3320.83hm^2,占耕地总面积的 5.26%;灌溉保证水平和有效土层厚度需要改善的耕地面积为 6225.63hm^2,占耕地总面积的 9.86%;只有灌溉保证水平需要改善的耕地面积为 21328.22hm^2,占耕地总面积的 33.76%;只有坡度需要改善的耕地面积为 42hm^2,占耕地总面积的 0.07%;只有有效土层厚度需要改善的耕地面积为 5194.14hm^2,占耕地总面积的 8.22%。可见,岱岳区耕地自然环境条件改良利用的主要方向为改善该区耕地灌溉条件,提高灌溉保证率,其次是有效增加土层厚度,以防止水土流失、保护耕层土壤。

(三)耕地土体整治改良利用分区面积统计及问题分析

泰安市岱岳区耕地土体整治改良利用分区各改良利用类型面积及其比例如表 8-4 所示。

表 8-4　　耕地土体整治改良利用分区面积统计表

改良利用分区	非改良区	Pc	Pt	PtPc
面积(hm^2)	24222.46	17704.79	8098.71	13142.04
百分比(%)	38.35	28.03	12.82	20.8

由图 8-3 和表 8-4 可以看出，泰安市岱岳区耕地土体结构整体不好，不需改良的耕地面积为 24222.46hm^2，占耕地总面积的 38.35%。需要改良的面积占耕地总面积的 61.65%，分布比较分散。土壤物理要素较差的乡镇(街道办事处)为马庄镇、夏张镇、范镇、角峪镇等。土壤类型以沙壤为主，需进一步改良，宜采取秸秆还田、增施有机肥料等措施，来改善偏沙的土壤表层质地，还应采取深耕等措施来改善不良的土体结构，这将是岱岳区耕地土体整治改良的主要方向。

五、耕地改良利用措施

(一)增加经济投入，加大耕地保护力度

农业是既要承担自然风险又要承担市场风险的弱质产业，保护农业是国民经济发展中面临的重大问题。由于调控体制不健全，受利益驱使，各层次资金投入重点向非农业倾斜，资金投入不足已成为农业生产发展的主要制约因素。要达到农业增产的途径就要增加耕地投入，加强中低产田改造，不断提高耕地的质量，从而提高耕地利用的经济效益。岱岳区宜进一步加强对耕地改良利用的投入，通过对耕地的改良逐步消除制约耕地生产力的限制因素，培肥地力，改善农业生产条件和农田生态环境。

(二)平衡施肥，用养结合，增施有机肥料，培肥地力

长期以来，岱岳区在耕地开发利用上重利用，轻培肥，重化肥，轻有机肥。虽然岱岳区化肥和有机肥的施用量逐年增加，但是投入的化肥以氮、磷肥为主，引起土壤养分特别是速效钾、微量元素含量的下降和矿质养分的失衡，导致耕地肥力下降。岱岳区普遍存在速效钾含量偏低和微量元素特别是有效硼含量偏低等限制性因素，需要增施钾肥的耕地面积为 46091.4hm^2，占耕地总面积的 72.98%；需要增施硼肥的耕地面积为 54346.8hm^2，占耕地总面积的 86.04%；需要增施磷肥的耕地面积为 8316.98hm^2，占耕地总面积的 13.17%；需要增施有机质肥料的耕地面积为 44225.02hm^2，占耕地总面积的 70.02%。因此，岱岳区要持续提高中低产耕地的基础地力，为农作物生长创造高产基础，必须将用土与养土妥善结合起来，广辟有机肥源，重视有机肥的施用，提倡施用有机、无机复混肥。同时应利用中低产耕地调查评价成果，科学指导化肥的调配，采用科学优化平衡施肥，重视合理增施钾肥和硼肥，不断培肥地力，实现中低产耕地资源的可持续利用。

(三)加强水利建设，改善灌溉条件，注重农田基本设施建设

水是作物生长的必要条件，灌排条件与耕地的基础地力有着密切的关系。因而可以通过采取以下措施，实现自然降水的空间聚集，改善区域农田的土壤水分状况，推广节水灌溉技术，改善和扩大灌溉面积。

(1)健全灌溉工程，改善灌区输水、配水设备，加强灌溉作业管理，改进地面灌溉技术，

采用增产、增值的节水灌溉方法和灌溉技术。加强水利建设,修筑田埂,防止水土冲刷。安排好水利规划,修好水渠,制止渗漏,加强管理,提高引灌水的利用率。

(2)人工富集天然降水,建造大、中、小型蓄水池、塘等蓄水体系,将集纳雨水、拦截径流和蓄水有效结合起来,在作物需水的关键时期进行灌溉,解决作物的需求和降水错位的矛盾,以充分发挥水分的增产效果。

(3)改善土壤结构,增加土壤的蓄水能力,通过对土壤增施有机物料(如施用有机肥、秸秆还田等)和应用土壤改良剂,改良土壤结构,增强土壤结构的稳定性,提高土壤对降水的入渗速率和持水量。

(四)采用农业措施,改良土壤质地,改善土体结构

岱岳区水土流失严重,要从调整土地利用结构和建设基本农田起步,改广种薄收为集约经营,改单一经营为农、林、牧、副、渔全面发展,因地制宜,全面规划,综合治理,连续治理,实行生物措施与工程措施相结合、坡地治理与沟道治理相结合、田间工程和蓄水保土耕作相结合。在不宜种粮的粗骨土和褐土性土上,因地制宜地大力发展果、药土特产,在土层较厚的地方,可以发展果粮间作,以尽快提高经济效益,如在交通不便的山区选种核桃、板栗、银杏等。在土层薄、水土流失严重的地方,应先种草、养畜,发展牧业生产。

(五)集约化利用耕地资源,发展生态型可持续农业,改善生态环境

耕地生态环境质量的高低是保证农作物高产、优产、高效的重要前提。根据岱岳区资源优势以及生态环境的特点,因地制宜地利用耕地资源,通过合理轮作、科学间套种等措施,提高复种指数,努力提高耕地资源的利用率;注重多物种、多层次、多时序、多级质能、多种产业的有机结合,农、林、牧、副、渔并举,建立生态型可持续农业系统,达到经济、生态和社会效益的高度统一。此外,应重新审视耕地承包到户政策所导致的耕地经营权分散在新形势下出现的不利于耕地资源规模集约经营的缺点,努力探讨建立“公司+农户”或各种专业化合作组织等耕地规模集约经营模式,提高岱岳区耕地资源的集约经营和经济效益。

第三节　砂姜黑土改良利用

砂姜黑土是“汶阳田”重要的土壤类型。泰安市岱岳区砂姜黑土耕地面积为6853hm^2,主要分布在满庄、夏张、汶口、马庄四个乡镇(街道办事处)。由于受土壤环境因素及其内在性质的影响,该区域农业生产水平较低,产量低而不稳,成为岱岳区中低产田的改良重点。

砂姜黑土是一种具有“黑土层”和“砂姜层”的暗色土壤,地下水位为1～2m,雨季可上升至1m以内,局部洼地可能造成短期积水,地下水一般为$Ca^{2+}-Mg^{2+}-HCO_3^-$型水,矿化度低。砂姜黑土的耕垦历史较长,主要种植冬小麦、夏玉米、大豆等作物,一般为一年两作。

一、砂姜黑土的形成特点和基本性状

(一)砂姜黑土的形成特点

砂姜黑土的形成具有草甸潜育化过程和旱耕熟化过程的特点。由于砂姜黑土分布地

区地势低平，排水不良，再加上较为湿润的气候，为草甸植物的大量生长提供了良好的条件。草甸植物的死亡残体在土壤微生物的作用下，进行分解转化，雨季时主要进行有机质的嫌气分解，旱季时则进行有机质的矿质化分解，随着本区干湿季节的交替，导致了砂姜黑土表层有机质的积累及黑土层的形成。而剖面下部受滞水还原作用的影响，土体中铁、锰元素以低价态存在，形成呈蓝灰色或青灰色的潜育层。

由于砂姜黑土分布区地下水中富含 Ca^{2+} 和 HCO_3^-，且潜水埋藏较浅，雨季上升可接近地面，在旱季地下水携带碳酸钙沿毛管孔隙上升并高度积聚，而在一定整体部位形成面砂姜，一般在 70cm 深处出现，往下逐渐变硬、变大且增多，在一定深处出现砂姜盘。

(二)砂姜黑土的基本性状

砂姜黑土是本区的主要耕作土壤之一，绝大部分的砂姜黑土都已被开垦为耕地，其土壤剖面基本分化为耕作层－残余黑土层－脱潜层－砂姜层。耕作层厚度不等，一般为 10～20cm，由黑土层经耕作分化而成，质地较为黏重，不易耕作。在本区干湿交替的气候条件下，干旱季节易形成大的裂缝，漏水、漏肥，同时切断毛管联系，地下水上不来，易受干旱威胁。残余黑土层厚 20～40cm，干时易碎裂成核块状，质地较耕层更为黏重；湿时土粒膨胀，柱状结构闭塞，造成通气不良，透水不畅，又易造成内涝，同时影响作物根系对养分的吸收。

由于土壤含水量较大、热量较为稳定，春季气温回暖时，地温回升慢，为“冷性土”，造成出苗困难。因此砂姜黑土的水、肥、气、热关系不协调，存在旱、冷、涝、瘠等四项障碍因素，肥力水平较低，严重制约了农业生产的发展。

砂姜层质地较黑土层轻，以中壤土为主，有明显的锈斑、锈纹，有软硬铁锰结核。砂姜大小形态不一，面砂姜层石灰反应强烈，硬砂姜层土体石灰反应强弱不一。

脱潜层位于黑土层和砂姜层之间，有锈斑、锈纹，石灰反应强弱不一。

从整个砂姜黑土剖面质地来看，黑土层质地黏重，耕作层及砂姜层质地较之为轻。黏土矿物以蒙脱石组为主，因此砂姜黑土具有较为明显的胀缩性和变性特征。由于本土质地较为黏重，故土壤的保肥力较强，但供肥力较弱。钾素较丰富，氮素尤其是速效磷含量较低，这是砂姜黑土的一个重要特点，这可能与人为施肥习惯有关。

二、砂姜黑土的改良利用途径

砂姜黑土低产的原因是多方面的，概括起来有旱、冷、涝、瘠等四项障碍因素。这些障碍因素是环境条件和土壤内在性质相互作用的结果，对砂姜黑土的改良利用，必须以土壤生态系统的观点，综合分析其障碍因素相互联系与相互制约的关系，抓住主导因素，采取综合治理措施。

(一)兴修水利，建立完善的灌排水系统

砂姜黑土所处地势较低洼，排水不畅，地下水埋藏浅，雨季时易受涝灾的危害，及时排水、防止土壤内涝是改良利用砂姜黑土的根本措施。由于砂姜黑土质地较为黏重，胀缩性大，旱季易产生大的裂缝，漏水、漏肥，易受干旱的危害。因此，应兴修水利，建立完善的灌排水体系，做到旱能浇、涝能排，以保证农业生产的高产、稳产。

(二)利用工程措施,改善土壤物理性状

由于砂姜黑土质地偏黏,土壤的水、气、肥、热关系不协调,这是造成其肥力低下的主要原因。因此,有条件的地方可掺沙、掺煤灰渣来进行改良,以改善砂姜黑土的物理性状,使其耕性得到改善。砂姜黑土耕层浅薄,其下有较坚实的犁底层,再下为具棱状结构的黑土层,对作物生长极其不利。因此,可以利用农业机械进行深耕,以加厚耕作层,有利于深层养分的矿质化分解,提高供肥性能;同时也有利于农作物的根系下扎,扩大作物的营养面积。

(三)合理施肥,以提高土壤的肥力水平

由于砂姜黑土耕垦历史悠久,长期重用轻养,使地力有所下降,再加上该土质地不良,肥力水平低下,因此必须合理施肥,以提高土壤的肥力水平。低产的砂姜黑土多数缺少新鲜的有机质,磷素更加缺乏,微量元素主要是锌不足,培肥时应走有机与无机相结合的路子。增施有机肥料可以增加土壤腐殖质,促进土壤形成团粒结构,以改善土壤物理性状。因此,可通过秸秆还田增加有机质。同时还要合理增施化肥,推广微肥的施用。针对砂姜黑土普遍缺氢、严重缺磷的特点增施化肥,氮、磷应配合施用,这是调节养分供求平衡的有效措施。

(四)因土种植,合理轮作,多种经营,是综合改良的主要内容

砂姜黑土含钾较高,在排水较好的条件下,可以种植花生、大豆等作物。对于地势低洼不易进行排水的地区,可以化弊为利,开挖鱼塘,发展水产养殖。同时要积极利用村头、路旁、堤上、沟边等进行造林,可以保持水土,为砂姜黑土的良好发育创造一个稳定的生态条件,这也是综合利用砂姜黑土不可忽视的关键措施之一。

综合上述,只要砂姜黑土的改良利用措施得当,其增产潜力是巨大的,必将推动当地农业的持续发展。

第四节　耕地改良的对策和建议

一、加强农田基础设施建设

采取工程措施,因地制宜增加田间工程,建设农田机耕道路,提高机械化操作能力,建设高标准田间排水沟、灌溉渠,完善田间配套工程,防止串灌、漫灌。

二、积极开展土壤改良与培肥

良好的土壤条件是测土配方施肥的基础。岱岳区各耕地资源类型区应广泛开展耕地土壤改良与培肥,广辟肥源,增施有机肥;推广秸秆还田与麦糠覆盖;黏土深翻,破除犁底层,改良土壤结构,促进团粒结构形成;砂土掺黏改土,提高保水、保肥性能。

三、加快推广测土配方施肥

测土配方施肥是依托土壤养分化验数据和肥料试验结果,根据作物需肥规律、土壤供肥特性和肥料利用效应,在施用有机肥的基础上,提出目标产量所需氮、磷、钾及中微量元

素肥料用量与方法的施肥技术。通俗地讲，就是缺什么施什么，缺多少施多少。

通过推广测土配方施肥技术，确定农作物的最佳肥料配比，采取“测土一配方一配肥一供应一施肥指导”一条龙服务，将测土配方施肥技术普及到广大农民中去，使作物吃上“营养健康餐”，使土壤更健康、更有活力。

四、建立测土配方施肥动态指标体系

岱岳区通过开展测土配方施肥项目，已初步建立起小麦、玉米等主要农作物的测土配方施肥指标体系，该技术已在农业生产中发挥了显著作用。为进一步提升岱岳区施肥水平，提高农业效益，应该建立测土配方施肥动态指标体系。

(1)搞好土壤肥力监测。在完成国家、省、市土壤肥力监测任务基础上，设立岱岳区土壤肥力长期定位监测点，根据各耕地资源类型区农业主产品的类型与规模，设立 3～5 个土壤肥力监测点，形成比较完善的土壤肥力监测系统。

(2)加强田间肥效试验。按照测土配方施肥项目方案的要求，分耕地资源类型区、分作物设立肥效试验，安排 1～2 个试验点。

(3)完善施肥指标体系。根据年度土壤肥力监测数据和田间肥效试验结果，组织有关农业专家及典型科技户，对已应用的施肥指标体系进行修正，使下年度的施肥指标更符合实际、发挥更大的作用。

五、切实搞好服务，发挥测土配方施肥效益

测土配方施肥的最终目的是农作物施肥。土肥技术部门要与肥料生产、销售企业密切合作，各负其责。土肥技术部门按不同类型区、不同作物提供配方，肥料生产企业保质保量生产，肥料销售企业合理布点、及时提供给农户，由农户按时施肥。通过良好的服务，充分发挥测土配方施肥的作用。

第九章　耕地地力与配方施肥

第一节　耕地养分状况

一、耕地土壤养分现状

把2006～2008年测土配方施肥项目土壤化验平均数据，与1982年第二次土壤普查结果相比较，发现各项养分含量都有了不同程度的提高。土壤pH为5.2～7.7。有机质含量平均为12.2g/kg，处于中量水平，比1982年增加2.6g/kg。土壤全氮含量为0.88g/kg，处于低量水平，比1982年增加0.31g/kg。土壤碱解氮含量平均为85mg/kg，处于中量水平，比1982年增加21mg/kg。有效磷含量平均为34.8mg/kg，处于高量水平，比1982年增加29.4mg/kg。速效钾含量平均为107mg/kg，比1982年增加42mg/kg，处于中量水平。交换性钙含量平均为2509mg/kg，处于高量水平。交换性镁含量平均为486mg/kg，处于中量水平。有效铜含量平均为1.31mg/kg，处于高量水平。有效锌含量平均为1.47mg/kg，处于中量水平。有效铁含量平均为18.86mg/kg，处于高量水平。有效锰含量平均为9.74mg/kg，处于中量水平。土壤有效硼含量平均为0.35mg/kg，处于低量水平。

目前，泰安市岱岳区土壤养分发生了较大变化，虽然有机质、碱解氮、有效磷、速效钾有不同程度提高(见表9-1)，但是养分比例仍然不合理，应该继续贯彻因土因作物科学施肥的原则。

表9-1　　土壤养分动态变化

项　目	pH	有机质(g/kg)	全氮(g/kg)	碱解氮(mg/kg)	有效磷(mg/kg)	速效钾(mg/kg)	有效锌(mg/kg)
第二次土壤普查	6.5～7.5	9.6	0.57	64	5.4	64.75	0.75
2006～2008年	7.5	12.2	0.88	85	34.8	107	1.47

二、耕地土壤养分变化原因分析

泰安市岱岳区耕地综合生产能力总体水平不高，还存在一些不可忽视的问题。

(一)重用轻养，有机肥用量偏低

一是有机肥施用量偏少，岱岳区平均施有机肥 1300kg/667m^2，在施用有机肥时有45%的农户直接施用新鲜或半腐熟的有机肥；二是过量施肥，导致土壤盐渍化、作物病害加重、产品质量下降；三是肥料配比不合理，与作物需要量相比明显不平衡，由于养分不协调，破坏了土壤结构和土壤养分平衡，导致土壤盐渍化。

(二)肥料施用方法不当

突出表现为施用肥料时，深度不够，存在撒施现象，如部分区域农户在追施肥料时一撒了之。

(三)土壤养分不平衡

氮肥用量普遍偏高，钾肥不足，化肥的过量施用不仅导致化肥资源浪费、化肥利用率降低，而且使土壤出现盐渍化和结构变差等问题。

(四)购肥理念和施肥技术落后

由于一家一户的分散经营，农民施肥的分散性大，科学施肥技术到位率低。通过采样点农户调查结果得知，农民在购肥决策上，依据肥料价格的占 70%，按 N、P、K 养分含量的占 26%，按大、中、微量元素配合的仅占 4%。农民确定施肥量，依据地力条件的占 26.3%，依据习惯的占 73.7%。购肥、施肥的盲目性既增加了生产成本，又降低了肥料利用率，还造成了环境污染。

第二节 农户施肥情况调查与分析

由于农户施肥习惯不一，为准确掌握农户施肥情况，指导农民科学施肥，技术人员分作物种类、土壤类型对农户施肥情况进行了调查分析。

一、农户施肥情况现状调查

为确保抽样结果的代表性，在布点上根据主要作物面积、土壤类型，采取随机取样、对称等距的抽样方法。在岱岳区抽取 200 户作为定点调查对象，取样区域覆盖棕壤、褐土、粗骨土、砂姜黑土四种土壤类型。

初次调查时，调查农户当季及上季作物常规施肥情况，定点之后，逐季调查各季作物农户施肥情况，包括推荐施肥、农户施肥情况。调查一般于作物生长后期或收获后进行，具体调查内容包括作物种类、品种、播种和收获时期、当季和常年产量水平、肥料种类、品种和施肥方法。施肥调查结合土壤样品采集进行，主要采取现场调查农户的方式进行。

二、主要农作物施肥调查结果分析

（一）小麦施肥状况分析

1. 施肥模式

小麦主要是采用小麦、玉米轮作模式。对 80 个典型农户施肥情况进行统计发现，农民常规施肥模式为：施有机肥 650kg/667m^2，纯 N 19.6kg/667m^2，P_2O_5 7.3kg/667m^2，K_2O 6.8kg/667m^2，氮、磷、钾总量为 33.7kg/667m^2，氮、磷、钾比例为 10∶3.7∶3.5。在施肥方法上，有水浇条件的地块有机肥全部作基肥，化肥一般分 2 次施用，1 次作基肥，1 次作追肥，钾肥全部作基肥，氮肥 70%作基肥，30%作追肥。基肥以复合肥和碳铵为主，在小麦拔节期追施 1 次尿素。无水浇条件的地块，有机肥和化肥在整地时全部作基肥一次性施入。

2. 肥料成本、效益及问题分析

经调查，小麦肥料投入平均为 136 元/667m^2，小麦平均产量为 459.8kg/667m^2，产值为 919.6 元/667m^2，产投比偏低。在施肥技术上存在的主要问题是氮肥用量过大，钾肥偏少，缺乏中微量元素配合，基肥、追肥比例不合理，追肥次数偏少，施肥时间不当。

（二）玉米施肥状况分析

1. 施肥模式

对 80 个典型农户玉米施肥情况进行统计发现，玉米播种主要有免耕点播、起垄点播两种播种方式。平均施化肥 26.1kg/667m^2，其中纯 N 20.1kg/667m^2，P_2O_5 3kg/667m^2，K_2O 3kg/667m^2，氮、磷、钾比例为 10∶1.5∶1.5。施用肥料品种主要是三元复合肥、碳酸氢铵、磷酸二铵。大部分麦茬玉米采用免耕点播，肥料分 3 次施用，播种时施5kg/667m^{2}复合肥，拌种施用，第 2 次施肥于玉米三至四叶期施复合肥 15～20kg/667m^2 和碳铵 50kg/667m^2，第 3 次施肥于玉米喇叭口期施碳铵 50kg/667m^2 或尿素 10kg/667m^2。小部分麦茬玉米采用起垄点播栽培方式，肥料分 2 次施用，1 次作基肥，1 次作追肥。基肥结合整地起垄施入，施复合肥 20kg/667m^2，追肥于玉米喇叭口期施用，施碳酸氢铵 100kg/667m^2。

2. 肥料成本、效益及问题分析

经调查，玉米肥料投入平均为 106 元/667m^2，平均产量为 553kg/667m^2，产值为 820.6 元/667m^2，与小麦作物相比，肥料投入较少。在施肥技术上存在的主要问题是基肥不足，磷、钾肥用量偏少。

（三）大蒜施肥状况分析

1. 施肥模式

对 20 个农户大蒜施肥情况进行统计发现，农民习惯施肥模式为：平均施有机肥 2000kg/667m^2，化肥（折纯）65kg/667m^2，其中纯 N 35kg/667m^2，P_2O_5 15kg/667m^2，K_2O 15kg/667m^2，氮、磷、钾比例为 10∶4.3∶4.3。有机肥主要是农家肥，化肥施用品种为复合肥、碳酸氢铵、尿素、磷酸二铵。播种前结合整地施复合肥 100kg/667m^2 和碳酸氢铵 50kg/667m^2，或尿素 10kg/667m^2 作基肥，追肥施尿素 10kg/667m^2。

2. 肥料成本、效益及问题分析

经调查，大蒜肥料投入平均为520元/667m^2，平均产量为1625kg/667m^2，产值为780元/667m^2，产投比偏低。在施肥技术上存在的主要问题是基肥不足，磷、钾肥用量偏少。

第三节　测土配方施肥理论

一、测土配方施肥基础知识

（一）开展测土配方施肥的意义

长期以来，农民盲目施肥、过量施肥现象普遍，不仅增加农业生产成本，而且带来严重的环境污染，威胁农产品质量安全。开展测土配方施肥，是提高农业综合生产能力、促进作物增产、农民增收的重大举措。组织实施好测土配方施肥，对于提高农作物产量、降低生产成本、实现农业稳定增产和农民持续增收具有重要的现实意义，对于提高肥料利用率、减少肥料浪费、保护农业生态环境、保证农产品质量安全、实现农业可持续发展具有深远影响。

（二）测土配方施肥的基本概念

测土配方施肥是以土壤测试和肥料田间试验为基础，根据作物需肥规律、土壤供肥性能和肥料效应，在合理施用有机肥料的基础上，提出氮、磷、钾及中微量元素等肥料的施用数量、施肥时期和施用方法。通俗地讲，就是在农业科技人员指导下科学施用配方肥。测土配方施肥技术的核心是调节和解决作物需肥与土壤供肥之间的矛盾。同时有针对性地补充作物所需的营养元素，作物缺什么元素就补充什么元素，需要多少就补充多少，实现各种养分平衡供应，满足作物的需要，达到提高肥料利用率、减少肥料用量、提高作物产量、改善农产品品质、节省劳力、节支增收的目的。

（三）测土配方施肥的理论依据

养分归还学说、最小养分律、各种营养元素同等重要与不可替代律、肥料效应报酬递减律、生产因子的综合作用。

（四）开展测土配方施肥的方法与步骤

1. 方　法

第一类是地力分区法；第二类是目标产量法，包括养分平衡法和地力差减法；第三类是田间试验法，包括肥料效应函数法、养分丰缺指标法、氮磷钾比例法。

2. 步　骤

一是收集土壤养分数据，获取施肥参数。分析土壤有机质、全氮、速效氮、有效磷、速效钾、pH及中微量元素含量等土壤理化性状数据，确定土壤供肥能力基础参数。二是根据不同作物需肥规律，制定施肥方案。综合考虑土壤肥力、作物需肥规律及肥料效应状况，制定配方施肥方案，确定不同作物品种一定目标产量和肥料利用率水平下的施肥结构、施肥数量、施肥时期和施肥方法。三是推广普及配方施肥技术。广泛开展以测土配方施肥技术、肥料合理施用方法为主要内容的技术培训。通过试验示范、现场诊断测试，展示配方施肥技术和应用效果。

二、植物营养基础知识

(一)氮素营养

氮的营养功能:氮是蛋白质的组成成分,而蛋白质是构成生命物质的主要成分;氮是核酸的组成成分,影响植物体内的各种代谢;氮也是叶绿素的组成成分,参与植物的光合作用;氮还是维生素的组成成分。因此,氮是植物非常重要并且需要量较大的营养元素。

植物吸收氮主要是氨态氮和硝态氮,还有少量的有机态氮。

氮素丰缺对植物的影响:氮不足,植株矮小,叶片变淡,症状在老叶中出现,叶片与茎之间夹角变小,根量小且呈褐色,分蘖少,早熟、早衰,如小麦灌浆不足,棉铃变小、易脱落,果树果小、果少,适口性差。氮过多,植株叶面增大,叶色深绿,贪长恋青,茎秆软弱,抗病虫、抗倒伏能力差,如小麦影响灌浆高温瘪熟,棉花纤维变短、铃易脱落、吐絮不畅。

(二)磷素营养

磷的营养功能:磷是植物休内重要化合物的组成元素,如核酸、磷脂、植素等;磷能增强植物光合作用和碳水化合物的运输与转化;磷能够促进氮的代谢;促进脂肪的代谢。

植物吸收磷主要是无机态磷($H_2PO_4^-$、HPO_4^{2-}、PO_4^{3-}),也有有机态磷(磷脂)。

磷素丰缺对植物的影响:磷不足,植株生长迟缓、矮小,叶片呈暗绿色,缺乏光泽,叶片、茎秆、叶梢上会出现紫红色条纹或斑点,症状在老叶中出现,禾本科植物缺磷时分蘖少,延迟抽穗、开花和成熟,如玉米早穗秃顶,油菜脱荚,棉花和果树落蕾、落花等。磷过多,植株叶肥厚而密集,繁殖器官发育过快,茎叶生长受到抑制,植株早衰、穗少、粒小,磷多还会影响硅的吸收,降低禾本科植物的抗性,也会降低锌、铁、锰的有效性,伴有缺锌、缺铁、缺锰症状。

(三)钾素营养

钾的营养功能:钾是植物体内酶的活化剂;钾能促进光能利用,增强植物光合作用;钾有利于植物正常的呼吸作用,改善能量代谢;钾能增强植物体内物质的合成与转运;钾能提高植物抗冻、抗旱、抗盐、抗病虫害的能力。

植物吸收的钾主要是钾离子形式的。植物对钾的吸收有奢侈吸收的特性,即过量钾供应植株不会出现中毒症状,但易造成离子间的不平衡和肥料浪费,过量钾会抑制植物对钙、镁的吸收,造成钙、镁缺乏症。

缺钾症状:植株缺钾首先表现在老叶上,叶片先发黄,进而变褐,逐渐枯萎、死亡、脱落。禾本科植物缺钾时,底叶出现褐色斑点,严重时新叶也会出现,叶片柔软披散,植株节间变短,分蘖少,成穗率低,结实率差。双子叶植物(豆科、十字花科、棉花)叶脉间失绿转黄、叶缘下垂,严重时叶片出现紫红色(棉花红叶茎枯病)。果树缺钾叶缘变黄,逐渐坏死脱落,果实小、着色差、不酸不甜。

(四)钙、镁、硫营养

钙:钙是构成植物细胞壁果胶质的结构成分,与细胞分裂、细胞运动及植物光合作用等密切相关。缺钙症状:植株节间变短、矮小,组织柔软,顶芽、侧芽、根尖等易腐烂死亡,叶卷曲,果实发育不良,如番茄、辣椒、西瓜等会出现脐腐病,苹果会出现水心病。

镁:镁是叶绿素的必需成分,对植物光合作用和各种代谢有重要的作用。缺镁症状:

植株矮小，生长缓慢，先在叶脉间失绿，由淡绿色转变为黄色或白色，出现褐色、紫红色斑点或条纹，缺镁影响作物产量和品质，还会危害人畜健康，如牧草镁含量低，家畜易得“痉挛病”。

硫：硫是蛋白质和酶的组成元素，可形成挥发性硫化物，提高葱、蒜等作物的品质。缺硫症状：植株瘦弱，叶片褪绿黄化，茎细，分蘖少，症状首先表现在幼叶上。

（五）微量元素营养

硼：硼可促进植物体内营养的运输，影响细胞分裂和伸长，促进花粉萌发和花粉管的伸长。缺硼症状：花粉不能萌发，花粉管萎缩，影响受精结实，油菜花而不实，棉花蕾而不花，禾本科植物穗而不实。

锌：锌是许多酶的活化剂，可促进光合作用。缺锌症状：植物体内生长素含量下降，植株生长缓慢、矮小，叶小呈簇状，果树易得小叶病。

钼：钼是植物体内硝酸还原酶的组成成分，能提高植物抗病毒的能力。缺钼症状：植株中部或较老叶片呈黄绿色，叶子卷曲呈环状，叶面有坏死斑点，十字花科叶子无叶肉，出现尾鞭病，果树出现萎缩病，缺钼一般发生在豆科和十字花科植物上。

锰：锰是许多呼吸酶的活化剂，与植物体内多种代谢有关。缺锰症状：幼叶失绿发黄（叶肉变黄、叶脉绿色），严重时叶面出现黑褐色的细小斑点，甜菜发生黄斑病。

铁：铁主要在植物的叶绿体中，是血红蛋白的组成成分，参与光合作用及蛋白代谢。缺铁症状：缺铁会引起代谢紊乱，症状常出现在幼嫩部位，叶肉变黄，严重时整片叶呈明亮的黄白色，果树缺铁会得失绿症。

铜：铜是酶的组成成分和活化剂，能促进糖和蛋白质的合成，促进光合作用。缺铜症状：禾本科植物分蘖多，呈丛生状，叶片发白、卷曲，结实率低，出现白苗病；果树缺铜顶梢枯死，果实变小、果肉变硬、果质差，出现顶枯病。

三、土壤基础知识

（一）土壤的物理性质

1. 土壤质地

土壤固体部分是由土粒构成的，根据土粒大小将土壤质地分为砂质土（土粒粒径大）、壤质土、黏质土（粒径小）。

砂质土的肥力特征是蓄水力弱、养分含量少、保肥能力差，但土温变化快，通气性和透水性好，养分释放快。因此，砂质土应选种耐旱品种，及时灌溉，注意覆盖，施肥应掌握少施勤施的原则。

壤质土同时含有适量的砂粒、粉粒、黏粒，四砂六黏或三砂七黏的土壤为壤土，这种土壤养分含量高、供应能力强、保肥性能好，适合各种作物生长发育。

黏质土养分含量丰富，保水和保肥能力强，土温稳定，但通气、透水性差，耕作困难，养分移动性小、释放慢，施肥时应将肥料集中施于根际附近，黏质土还应注意增施有机肥料，否则土壤易黏结成块，更不利于耕作。

土壤的保肥性和供肥性与施肥的关系：土壤的保肥性是指土壤对养分的吸收和保蓄能力。土壤供肥性是指土壤释放和供给作物养分的能力。保肥、供肥能力不同的土壤，施肥上应有所区别。保肥能力差的砂性土和有机质含量少的土壤,可以在基肥中多施有机肥料,增加保肥、供肥能力,施用化肥要“少吃多餐”,防止流失,防止后期出现脱肥现象。而对保肥性能较好的黏性土或有机质多的土壤,一次施肥量大些也无妨碍,不会流失。增施有机肥料,增加土壤有机质的积累,有利于保肥能力的增强;适量的灌溉与适宜的耕作,有利于土壤供肥能力的提高。

2.土壤结构

土壤团粒含量高,结构好,保水、保肥性能强,肥力高。

(二)土壤的养分状况

有机质:有机质是土壤的重要组成部分,土壤有机质包括土壤中各种动植物残体、微生物体及其分解和合成的有机物质。土壤中有机质的含量虽少,但在土壤肥力上的作用却很大,一能提供作物需要的养分(各种营养元素),二能增强土壤的保肥性能,三能促进团粒结构的形成、改善土壤物理性质。另外,有机质还有助于消除土壤中的农药残留和重金属的污染等。土壤有机质含量一般占1.5%~3.5%,低于1.5%则为有机质缺乏。

氮:土壤中氮的含量很少,全氮一般都低于0.2%。土壤全氮的含量与有机质含量密切相关,呈正比例。通常用速效氮指标衡量土壤氮素供应能力,在化学上用碱解法测试。当碱解氮低于80mg/kg时,土壤氮供应不足。土壤氮分为无机态氮(铵态氮和硝态氮)和有机态氮两种形式,氮的转化有铵化、硝化、同化等。

磷:土壤全磷一般占0.01%~0.12%,含量与成土母质、土壤质地、土壤有机质、耕作制度及施肥有关。通常用速效磷的含量来衡量土壤磷的供应能力。当速效磷低于5mg/kg时,土壤缺磷。土壤磷的形态主要是有机磷和无机磷,磷在土壤中容易被固定,在石灰性土壤中尤为突出,岱岳区土壤普遍缺磷。

钾:土壤全钾一般占1%~1.5%,主要与母质、土壤质地、土壤有机质、耕作制度及施肥有关(主要是母质)。土壤中速效钾与缓效钾都能被植物吸收利用(称为“有效钾”)。速效钾与缓效钾存在动态平衡,一般认为速效钾低于100mg/kg时,土壤即出现缺钾。岱岳区土壤钾含量相对丰富,但随着作物产量和复种指数的提高,农作物从土壤中带走的钾越来越多,土壤钾供应能力下降,应注意适量补施钾肥。

钙、镁、硫:很多植物对钙的需要量大,但土壤中钙的有效含量比较多,而且可通过施用石灰来补充土壤钙,所以一般植物不会出现缺钙现象。而土壤中镁的有效性较差,容易出现土壤缺镁现象。土壤中硫的含量占0.01%~0.2%,由于大气降雨中SO_2的含量较高,因此通过雨水带入土壤中的硫也较多,土壤一般不缺硫。

微量元素:铁、锰、锌、铜、硼、钼是植物生长必需的营养元素,它们在土壤中的含量以铁为最高,其次是锰、锌、铜、硼、钼。土壤中微量元素的含量与土壤pH、土壤有机质等有关,土壤中硼的临界值为0.5mg/kg,低于比值则缺硼;土壤中锌的临界值为0.5mg/kg(石灰性土壤),低于比值则缺锌,岱岳土壤缺锌;土壤中有效锰的临界值为3mg/kg(代换态锰或易还原态锰),低于比值则缺锰;土壤中钼的临界值为0.15mg/kg,低于比值则缺钼;土壤中铁的含量较高,但铁易被固定,石灰性土壤铁的有效性较低,容易缺铁。

（三）土壤的酸碱性

土壤的酸碱性反应是土壤在其形成过程中受生物、气候、地质、水文等因素的综合作用所产生的重要属性，在耕作中还受施肥、灌溉、排水等因素的影响而发生变化。在施肥时，应注意碱性土壤施用酸性肥料、酸性土壤施用碱性肥料，同时增施有机肥料。

四、常用肥料品种与施肥方法

（一）肥料品种

1. 有机肥料

有机肥料种类很多，如人畜粪便、厩肥、堆肥、饼肥、绿肥、植物秸秆、泥炭及腐殖酸类肥料。施用有机肥料能增加土壤有机质，供给植物无机和有机养分，增加土壤微生物的数量和活性，提高土壤肥力。目前，施用的有机肥料主要是秸秆还田、腐熟畜禽粪便（蔬菜地）、商品生物有机肥和活性有机肥。

2. 化学肥料

化学肥料的主要成分是无机化合物，是由化肥厂将初级原料进行加工、分解或合成的。例如在高压、高温和催化剂的条件下，可将氢气和氮气合成氨，氨再与二氧化碳反应，最后生成尿素。又如，用硫酸分解磷矿粉可制得普通过磷酸钙。与有机肥料相比，化学肥料所含肥料成分较高。由于有效成分含量高，因而体积小，运输和施用都较方便，但一次用量不能太多，否则会造成肥料和农产品的损失；除少数品种，化肥大多易溶于水，易被植物吸收利用，是速效性肥料，但易潮解形成硬块，引起养分的损失或施用的不便；另外，施化肥过多还可能导致环境污染。

目前常用的化肥主要分为六大类：

（1）氮肥。即以氮素营养元素为主要成分的化肥，如尿素、碳铵、硫酸铵、氯化铵等。

（2）磷肥。即以磷素营养元素为主要成分的化肥，如过磷酸钙。

（3）钾肥。即以钾素营养元素为主要成分的化肥，主要品种有氯化钾、硫酸钾等。

（4）复合肥料。肥料中含有氮、磷、钾两种以上元素，是经过化学合成的多元肥料，如磷酸二铵、磷酸一铵、磷酸二氢钾等。

（5）复混肥料。即肥料中含有氮、磷、钾三种元素，经过机械复混的多元肥料（称为“复混肥料”），如市场上销售的氮、磷、钾三元复混肥。

（6）微量元素肥料和某些中量元素肥料。前者如硼砂、硫酸锌、硫酸亚铁、钼酸铵、高锰酸钾、硫酸铜等微量元素肥料，后者如钙（石灰）、镁（钙镁磷肥）、硫（硫黄、硫铵）等肥料。

酸性化肥与碱性化肥：化肥具有两种不同的反应，即化学反应和生理反应。化学反应指肥料溶于水中以后的反应，如过磷酸钙溶液是酸性，碳酸氢铵溶液是碱性，尿素、氯化钾溶液是中性等。生理反应是指肥料经过作物选择吸收后产生的反应。例如硫酸铵，作物吸收铵离子比硫酸根离子多，从根胶体上代换出较多的氢离子，增加土壤肥力酸性，称之为“生理酸性肥料”；又如碳酸根离子与钠离子结合成碳酸钠，水解后产生氢氧根离子，增加了土壤碱性，所有碳酸钠为生理碱性肥料。另外有一类生理中性肥料，如硝酸铵，它们施入土壤后，土壤反应不起变化。酸性肥料宜施在碱性土壤上，碱性肥料施用于酸性土壤效果好。如碳铵、钙镁磷肥等碱性肥料宜施用在酸性土壤上，这样就不会导致土壤酸化，降低磷肥有效性，造成钾、钙、镁等养分的淋失，还可以改善硫、钼养分的活性。在石灰性土壤上施用酸性肥料，使磷不易与钙结合生成难溶的磷酸钙盐而降低磷的有效性，也可提高硼、锰、铁、铜的有效性。

（二）施用方法

原则上要加大有机肥施用、控制氮肥、增施磷肥、补施钾肥、适量施用中微量肥料，做到有机、无机肥结合施用，氮、磷、钾及微肥平衡施用。

有机肥料一般作基肥施用，有利于肥效的发挥和培肥土壤。

化学肥料中，磷、钾肥以基施为主，作物生长后期可适当追施磷、钾，以促进作物灌浆结实，提高结实率和千粒重。氮肥应根据不同作物、不同生育时期对养分的需要，按一定比例基施和追施。

注意化肥深施（防止养分挥发和淋失）和有机、无机肥配施（减少养分固定），避免酸性肥料与碱性肥料混施，提高肥料利用率。

利用植物叶吸收养分的功能，进行根外追肥（叶片的角质层和气孔吸收养分），主要是作物后期喷施磷酸二氢钾及微量元素肥料。

第四节　小麦、玉米施肥指标体系的建立

小麦、玉米是泰安市岱岳区的主要粮食作物，常年播种面积为 $6.9\times10^4 hm^2$，占总播种面积的 55.2%；总产 53.2 万吨，占粮食总产的 93.8%以上。近年来，小麦和玉米生产上的突出问题是：化肥施用不当，氮、磷、钾肥施用比例失衡，肥料利用率低。因此建立两者的施肥指标体系，对于大力推进测土配方施肥技术、加快技术成果应用转化、促进粮食增产增收具有十分重要的意义。正是基于这种状况，在上级主管部门的领导和支持下，经过课题组全体人员和广大干群的共同努力，岱岳区土肥站分别在全区高、中、低产田上开展了“3414”田间试验，对小麦、玉米施肥指标体系进行了深入细致的研究，初步系统地探索出了全区小麦、玉米土壤养分丰缺指标、推荐施肥指标、肥料利用率、养分校正系数等施肥参数，以此建立了岱岳区小麦、玉米施肥指标体系。

一、项目区基本情况

本项研究课题在岱岳区大汶口、马庄、夏张、满庄、徂徕、祝阳、范镇、山口、良庄、房村 10 个乡镇（街道办事处）进行。地处汶阳田和泰莱平原，土壤类型以棕壤、褐土为主，属暖温带半湿润大陆性季风气候，四季分明，雨热同季，全年无霜期为 190 天，年均气温为 13.5℃，不低于 10℃积温为 4500℃～4800℃，年日照时数为 2639h，年平均降水量为 789mm，光热资源充足。项目区以井灌为主，水资源丰富，地势平坦，土层深厚，排灌条件好，主要种植小麦、玉米。小麦适播期一般为 10 月上旬，次年 6 月上旬至中旬收获，生育期为 180～240 天；玉米一般于 6 月上旬至中旬播种，当年 9 月底至 10 月上旬收获，生育期为 95～110 天。

二、研究方法与技术路线

(一)研究方法

试验采用“3414”完全试验方案的设计,“3414”是指氮、磷、钾3个因素,每个因素4水平,共14个处理(见表9-2)。4个水平的含义:表中“0”“1”“2”“3”代表施肥水平。“0”为不施肥,“2”为当地最佳施肥量,“1”为“2”水平×0.5,“3”为“2”水平×1.5(该水平为过量施肥水平)。各处理不设重复,小区面积为30m²,试验地周围设1m保护行,采用随机排列。

表 9-2　“3414”试验方案处理

编号	处理	N	P	K
1	$N_0P_0K_0$	0	0	0
2	$N_0P_2K_2$	0	2	2
3	$N_1P_2K_2$	1	2	2
4	$N_2P_0K_2$	2	0	2
5	$N_2P_1K_2$	2	1	2
6	$N_2P_2K_2$	2	2	2
7	$N_2P_3K_2$	2	3	2
8	$N_2P_2K_0$	2	2	0
9	$N_2P_2K_1$	2	2	1
10	$N_2P_2K_3$	2	2	3
11	$N_3P_2K_2$	3	2	2
12	$N_1P_1K_2$	1	1	2
13	$N_1P_2K_1$	1	2	1
14	$N_2P_1K_1$	2	1	1

岱岳区高、中、低地力条件下推荐玉米“2”水平用量分别为N∶P_2O_5∶K_2O=14∶4∶6、16∶5∶8、18∶6∶10,其中氮肥用量的40%和全部的磷、钾肥用于基施,60%的氮肥在大喇叭期追施。小麦“2”水平用量分别为N∶P_2O_5∶K_2O=13∶6∶4、15∶8∶5、17∶10∶8,其中氮肥用量的40%和全部的磷、钾肥用于基施,60%的氮肥在拔节期追施。

（二）技术路线（见图 9-1）

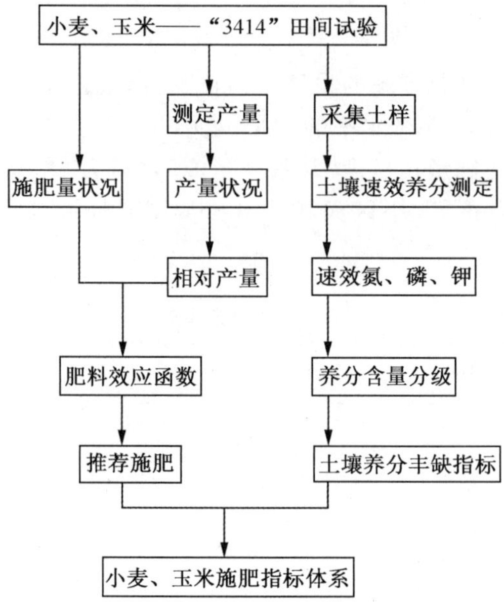

图 9-1　技术路线

三、研究成果

（一）建立小麦作物丰缺指标

1. 土壤碱解氮丰缺指标

根据小麦田间试验结果，计算缺氮区相对产量。根据土壤碱解氮测定值和相对产量进行回归分析，计算相关系数。

$$y=18.208\ln(x)+0.7903 \qquad R^2=0.9459$$

根据回归方程，得出相对产量为 50%、75%、95%时对应的土壤碱解氮数值分别为 59mg/kg、134mg/kg、177mg/kg。

考虑到实际操作的方便性，可以将土壤碱解氮丰缺指标值进一步简化，即碱解氮含量低于 60mg/kg 的土壤为低等级氮肥力土壤，60～130mg/kg 的土壤为中等级氮肥力土壤，130～180mg/kg 的土壤为高等级氮肥力土壤，高于 180mg/kg 的土壤为极高等级氮肥力土壤。

2. 土壤有效磷丰缺指标

根据田间试验结果，计算缺磷区相对产量。根据土壤有效磷测定值和相对产量进行回归分析，计算相关系数。

$$y=13.38\ln(x)+43.016 \qquad R^2=0.8871$$

根据回归方程，得出相对产量为 50%、75%、95%时对应的土壤有效磷数值分别为 11mg/kg、33mg/kg、49mg/kg。

考虑到实际操作的方便性，可将土壤有效磷丰缺指标值进一步简化，即土壤有效磷含量低于 10mg/kg 的土壤为低等级磷肥力土壤，10～30mg/kg 的土壤为中等级磷肥力土壤，30～50mg/kg 的土壤为高等级磷肥力土壤，高于 50mg/kg 的土壤为极高等级磷肥力土壤。

3. 土壤速效钾丰缺指标

通过回归分析，建立回归模型。

$$y=20.495\ln(x)-6.2663 \qquad R^2=0.9008$$

计算相对产量为 50%、75%、95%时对应的土壤速效钾数值分别为 53mg/kg、110mg/kg、140mg/kg。

考虑到实际操作的方便性和土壤速效钾含量现状，可以将全区的土壤钾素肥力指标分为 4 级，速效钾含量低于 50mg/kg 的土壤为低等级钾肥力土壤，50～110mg/kg 的土壤为中等级钾肥力土壤，110～140mg/kg 的土壤为高等级钾肥力土壤，高于 140mg/kg 的土壤为极高等级钾肥力土壤。

（二）建立小麦施肥指标体系

通过对小麦"3414"试验结果中 $N_0P_2K_2$ $N_1P_2K_2$ $N_2P_2K_2$ $N_3P_2K_2$；$N_2P_0K_2$ $N_2P_1K_2$ $N_2P_2K_2$ $N_2P_3K_2$；$N_2P_2K_0$ $N_2P_2K_1$ $N_2P_2K_2$ $N_2P_2K_3$ 四个处理进行一元回归分析，利用 Excel 中散点图添加趋势线法拟合得出以下小麦回归方程：

氮肥一元二次函数：$Y=aN^2+bN+c$

磷肥一元二次函数：$Y=aP^2+bP+c$

钾肥一元二次函数：$Y=aK^2+bK+c$

根据以上模型计算每处的回归方程，采用一元回归方程模型计算得出最佳施肥量（见表 9-3）。

表 9-3　　小麦最佳施肥用量表

编　号	氮(N)最佳用量($kg/667m^2$)	磷(P_2O_5)最佳用量($kg/667m^2$)	钾(K_2O)最佳用量($kg/667m^2$)
DY－1	10	0	4
DY－2	12	5	0
DY－3	14	7	0
DY－4	11	4	8
DY－5	13	5	6
DY－6	12	4	5
DY－7	12	4	7
DY－8	14	9	10
DY－9	12	5	5
DY－10	12	4	10

续表

编　号	氮(N)最佳用量($kg/667m^2$)	磷(P_2O_5)最佳用量($kg/667m^2$)	钾(K_2O)最佳用量($kg/667m^2$)
DY－11	14	9	5
DY－12	13	6	6
DY－13	14	8	9
DY－14	13	6	8
DY－15	16	9	9
DY－16	13	5	5
DY－17	14	7	6

（三）建立玉米作物丰缺指标

1. 土壤碱解氮丰缺指标

根据夏玉米田间试验结果，计算缺氮区相对产量。根据土壤碱解氮测定值和相对产量进行回归分析，计算相关系数。

$$y=20.146\ln(x)-7.4874 \qquad R^2=0.9071$$

玉米相对产量为50%、75%、95%时对应的土壤碱解氮数值分别为60mg/kg、126mg/kg、162mg/kg。

考虑到实际操作的方便性，可以将土壤碱解氮丰缺指标值进一步简化，即碱解氮含量低于60mg/kg的土壤为低等级氮肥力土壤，60～130mg/kg的土壤为中等级氮肥力土壤，130～160mg/kg的土壤为高等级氮肥力土壤，高于160mg/kg的土壤为极高等级氮肥力土壤。

2. 土壤有效磷丰缺指标

根据田间试验结果，计算缺磷区相对产量。根据土壤有效磷测定值和相对产量进行回归分析，计算相关系数。

$$y=8.7815\ln(x)+59.955 \qquad R^2=0.7358$$

玉米相对产量为50%、75%、95%时对应的土壤有效磷数值分别为6mg/kg、31mg/kg、54mg/kg。

考虑到实际操作的方便性，将土壤有效磷丰缺指标值进一步简化，即土壤有效磷含量低于10mg/kg的土壤为低等级磷肥力土壤，10～30mg/kg的土壤为中等级磷肥力土壤，30～50mg/kg的土壤为高等级磷肥力土壤，高于50mg/kg的土壤为极高等级磷肥力土壤。

3. 土壤速效钾丰缺指标

通过回归分析，建立回归模型。

$$y=8.9018\ln(x)+45.714 \qquad R^2=0.9116$$

由此得出，玉米相对产量为50%、75%、95%时对应的土壤速效钾数值分别为27mg/kg、145mg/kg、254mg/kg。

考虑到实际操作的方便性和土壤速效钾含量现状，将丰缺指标进一步优化，速效钾含量低于30mg/kg的土壤为低等级钾肥力土壤，30～150mg/kg的土壤为中等级钾肥力土壤，150～250mg/kg的土壤为高等级钾肥力土壤，高于250mg/kg的土壤为极高等级钾肥力土壤。

（四）建立玉米施肥指标体系

通过对夏玉米"3414"试验结果中 $N_0P_2K_2$ $N_1P_2K_2$ $N_2P_2K_2$ $N_3P_2K_2$；$N_2P_0K_2$ $N_2P_1K_2$ $N_2P_2K_2$ $N_2P_3K_2$；$N_2P_2K_0$ $N_2P_2K_1$ $N_2P_2K_2$ $N_2P_2K_3$ 四个处理进行一元回归分析，利用Excel中散点图添加趋势线法拟合得出以下夏玉米回归方程：

氮肥一元二次函数：$Y=aN^2+bN+c$

磷肥一元二次函数：$Y=aP^2+bP+c$

钾肥一元二次函数：$Y=aK^2+bK+c$

根据以上模型计算每处的回归方程，采用一元回归方程模型计算得出最佳施肥量（见表9-4）。

表9-4　夏玉米最佳施肥用量表

编　号	氮(N)最佳用量(kg/667m²)	磷(P_2O_5)最佳用量(kg/667m²)	钾(K_2O)最佳用量(kg/667m²)
DY－1	12	4	7
DY－2		5	8
DY－3		9	6
DY－4		5	5
DY－5	15	6	
DY－6	14		7
DY－7	14	4	4
DY－8	17	5	10
DY－9	14	7	10
DY－10	15	4	6
DY－11	12	6	6
DY－12	18	9	7
DY－13	14	7	8
DY－14	15	6	7
DY－15	18	8	6
DY－16	13		9

四、结　论

由于田间数据较少，具有一定程度的不确定性，考虑到实际操作的方便性和土壤养分的现状，通过本试验数据，拟制了小麦、玉米的施肥指标体系。

(一)小麦作物施肥指标体系

1. 氮肥推荐指标体系

将试验点按土壤养分等级分类，统计计算出每一土壤养分等级内所有试验点的最佳施肥量(见表 9-5)。

表 9-5　　岱岳区土壤碱解氮丰缺指标及小麦氮肥推荐用量表

土壤碱解氮等级	相对产量(%)	土壤碱解氮(mg/kg)	氮肥推荐用量($kg/667m^2$)
极高	>95	>180	10
高	90～95	130～180	10～12
中	75～90	60～130	12～14
低	<75	<60	14～16

2. 磷肥推荐指标体系

以磷肥的当季效应为主，再综合考虑养分收支平衡对土壤肥力的长期影响和磷肥恒量监控的思路，给出不同土壤有效磷等级下的磷肥推荐量(见表 9-6)。

表 9-6　　岱岳区土壤有效磷丰缺指标及小麦磷肥推荐用量表

土壤有效磷等级	相对产量(%)	土壤有效磷(mg/kg)	磷肥推荐用量($kg/667m^2$)
极高	>95	>50	0
高	90～95	30～50	4～5
中	75～90	10～30	5～7
低	<75	<10	7～9

3. 钾肥推荐指标体系

考虑到实际生产中小麦对钾素不敏感，并参考以往相关研究结果，建议在土壤速效钾含量高于 140mg/kg 的极高等级土壤上不施用钾肥，具体推荐用量如表 9-7 所示。

表 9-7　　岱岳区土壤速效钾丰缺指标及小麦钾肥推荐用量表

土壤速效钾等级	相对产量（%）	土壤速效钾（mg/kg）	钾肥推荐用量（kg/667m²）
极高	>95	>140	0
高	90～95	110～140	4～5
中	75～90	50～110	6～8
低	<75	<50	8～10

（二）玉米作物施肥指标体系

1. 氮肥推荐指标体系

将试验点按土壤养分等级分类，统计计算出每一土壤养分等级内所有试验点的最佳施肥量（见表 9-8）。

表 9-8　　岱岳区土壤碱解氮丰缺指标及夏玉米氮肥推荐用量表

土壤碱解氮等级	相对产量（%）	土壤碱解氮（mg/kg）	氮肥推荐用量（kg/667m²）
极高	>95	>160	12
高	90～95	130～160	12～14
中	75～90	60～130	14～16
低	<75	<60	16～18

2. 磷肥推荐指标体系

以磷肥的当季效应为主，再综合考虑养分收支平衡对土壤肥力的长期影响和磷肥恒量监控的思路，给出不同土壤有效磷等级下的磷肥推荐量（见表 9-9）。

表 9-9　　岱岳区土壤有效磷丰缺指标及夏玉米磷肥推荐用量表

土壤有效磷等级	相对产量（%）	土壤有效磷（mg/kg）	磷肥推荐用量（kg/667m²）
极高	>95	>50	0
高	90～95	30～50	4～5
中	75～90	10～30	5～7
低	<75	<10	7～9

3. 钾肥推荐指标体系

参考以往相关研究结果，建议在土壤速效钾含量高于 240mg/kg 的极高等级土壤上不施用钾肥，具体推荐用量如表 9-10 所示。

表 9-10　　岱岳区土壤速效钾丰缺指标及夏玉米钾肥推荐用量表

土壤速效钾等级	相对产量（%）	土壤速效钾（mg/kg）	钾肥推荐用量（$kg/667m^2$）
极高	＞95	＞250	0
高	90～95	150～250	4～6
中	75～90	30～150	6～8
低	＜75	＜30	8～10

第五节　主要作物测土配方施肥技术

泰安市岱岳区测土配方施肥技术小组根据主要作物需肥特点，以测土配方施肥项目成果为主要依据，研究制定了《主要作物测土配方施肥技术》，以指导各乡镇（街道办事处）因地制宜地确定不同作物经济合理的施肥量、优化施肥时期和采用科学施肥方法提高肥料利用率。

一、粮食作物测土配方施肥技术

（一）冬小麦

1.施肥问题及施肥原则

针对冬小麦氮肥过量施用比较普遍，氮、磷、钾养分比例不平衡，肥料利用率低，一次性施肥面积较大，后期氮肥供应不足，硫、锌、硼等中微量元素缺乏现象时有发生，土壤耕层浅，保水、保肥能力差等问题，提出以下施肥原则：

（1）依据测土配方施肥结果，适当调减氮肥用量。

（2）氮肥要分次施用，适当增加生育中后期的施用比例。

（3）依据土壤肥力条件，高效施用磷、钾肥。

（4）增施有机肥，提倡有机、无机配合，加大秸秆还田力度，提高土壤保水、保肥能力。

（5）重视硫、锌、硼等中微量元素的施用。

（6）肥料施用与高产优质栽培技术相结合。

2.施肥量及方法

产量水平在 $600kg/667m^2$ 以上：氮肥（N）$16\sim18kg/667m^2$，磷肥（P_2O_5）$8\sim10kg/667m^2$，钾肥（K_2O）$5\sim8kg/667m^2$。

产量水平为 $500\sim600kg/667m^2$：氮肥（N）$14\sim16kg/667m^2$，磷肥（P_2O_5）$7\sim9kg/667m^2$，钾肥（K_2O）$4\sim6kg/667m^2$。

产量水平为 $400\sim500kg/667m^2$：氮肥（N）$12\sim14kg/667m^2$，磷肥（P_2O_5）$6\sim8kg/667m^2$，钾肥（K_2O）$3\sim5kg/667m^2$。

产量水平在 $400kg/667m^2$ 以下：氮肥（N）$10\sim12kg/667m^2$，磷肥（P_2O_5）$4\sim6kg/667m^2$，钾肥（K_2O）$1\sim4kg/667m^2$。

在缺硫地区可基施硫黄 $2kg/667m^2$ 左右，若施用其他含硫肥料，可酌减硫黄用量。在缺锌或缺锰地区可以基施硫酸锌或硫酸锰 $1\sim2kg/667m^2$。缺硼地区可酌情基施硼砂0.5～$1kg/667m^2$。提倡结合一喷三防，在小麦灌浆期喷施微量元素叶面肥，或用磷酸二氢钾150～200g，加 0.5～1kg 的尿素，兑水 50kg 进行叶面喷洒。

单产水平在 $400kg/667m^2$ 以下时，氮肥作基肥、追肥的比例可各占一半。单产水平超过 $500kg/667m^2$ 时，氮肥总量的 1/3 作基肥施用，2/3 作为追肥在拔节期、抽穗期、灌浆期施用。磷、钾肥和中微量元素肥料全部作基肥施用。

若基肥施用了有机肥，可酌情减少化肥用量。

（二）夏玉米

1.施肥原则

(1)控制氮肥施用量，氮肥分次施用，磷酸二铵作种肥，适当降低基肥用量，充分利用磷、钾肥后效。

(2)有效钾含量高、产量水平低的地块在施用有机肥的情况下可以少施或不施钾肥。

(3)土壤 pH 高、高产和缺锌的地块注意施用锌肥，针对长期施用氯基复合肥的地块应改施硫基复合肥。

(4)增加有机肥用量，加大秸秆还田力度。

(5)推广应用高产耐密品种，适当增加玉米种植密度，提高玉米产量，充分发挥肥料效果。

(6)深松打破犁底层，促进根系发育，提高水肥利用效率。

2.施肥量及比例

产量水平在 $700kg/667m^2$ 以上：氮肥（N）$16\sim18kg/667m^2$，磷肥（P_2O_5）$6\sim8kg/667m^2$，钾肥（K_2O）$5\sim6kg/667m^2$。

产量水平为 $650\sim700kg/667m^2$：氮肥（N）$12\sim16kg/667m^2$，磷肥（P_2O_5）$4\sim6kg/667m^2$，钾肥（K_2O）$4\sim5kg/667m^2$。

产量水平为 $500\sim650kg/667m^2$：氮肥（N）$12\sim14kg/667m^2$，磷肥（P_2O_5）$4\sim6kg/667m^2$，钾肥（K_2O）$3\sim5kg/667m^2$。

产量水平在 $500kg/667m^2$ 以下：氮肥（N）$10\sim12kg/667m^2$，磷肥（P_2O_5）$4\sim5kg/667m^2$，钾肥（K_2O）$0\sim3kg/667m^2$。

若基肥施用了有机肥，可酌情减少化肥用量。缺锌、缺铁土壤适当施用锌肥和铁肥。小麦秸秆还田，用耕作机械将小麦秸秆翻压入土，翻压深度在 8～10cm 即可。

二、蔬菜作物测土配方施肥技术

（一）大白菜

1.施肥问题及施肥原则

针对大白菜生产中盲目偏施氮肥现象严重，一次施肥量过大，氮、磷、钾配比不合理，盲目施用高磷复合肥料，部分地区有机肥施用量不足，蔬菜地土壤酸化严重等问题，提出以下施肥原则：

(1)依据土壤肥力条件和目标产量，优化氮、磷、钾肥用量。

(2)以基肥为主,基肥、追肥相结合。追肥以氮肥为主,氮、磷、钾合理配合,适当补充微量元素。莲座期之后加强追肥管理,包心前期需要增加一次追肥,采收前2周不宜追氮肥。

(3)蔬菜地酸化严重时应适量施用石灰等酸性土壤调理剂。

(4)忌用没有充分腐熟的有机肥料,提倡施用商品有机肥及腐熟的农家肥,培肥地力。

2.施肥量及方法

(1)有机肥施用量:产量水平为4500~6000kg/667m^2,施有机肥2~3m^3/667m^2;产量水平为3500~5000kg/667m^2,施有机肥2m^3/667m^2。

(2)产量水平为4500~6000kg/667m^2:氮肥(N)18~23kg/667m^2,磷肥(P_2O_5)5~8kg/667m^2,钾肥(K_2O)16~20kg/667m^2。

产量水平为3500~4500kg/667m^2:氮肥(N)15~20kg/667m^2,磷肥(P_2O_5)4~6kg/667m^2,钾肥(K_2O)13~17kg/667m^2。

若基肥没有施用有机肥,可酌情增加氮肥(N)3~5kg/667m^2和钾肥(K_2O)2~3kg/667m^2。对于容易出现硼微量元素缺乏的地块,或往年已表现出缺硼症状的田块,可于播种前每亩基施硼砂1kg,或于生长中后期用0.1%~0.5%的硼砂或硼酸水溶液进行叶面喷施(也可混入农药一起喷),每隔5~6天喷1次,连喷2~3次。全部有机肥和磷、钾肥条施或穴施作底肥,氮肥30%作基肥,70%分别于莲座期和包心前期结合灌溉分2次作追肥施用。

(二)萝　卜

1.施肥问题及施肥原则

针对萝卜生产中存在的重氮、磷肥,轻钾肥,氮、磷、钾比例失调,磷、钾肥施用时期不合理,有机肥施用明显不足,微量元素施用的重视程度不够等问题,提出以下施肥原则:

(1)依据土壤肥力条件和目标产量,优化氮、磷、钾肥用量,特别注意调整氮、磷肥用量,增施钾肥。

(2)蔬菜地酸化严重时应适量施用石灰等酸性土壤调理剂。

(3)合理施用有机肥料能明显提高萝卜产量和改善品质,忌用没有充分腐熟的有机肥料,提倡施用商品有机肥及腐熟的农家肥。

2.施肥量及方法

(1)有机肥施用量:产量水平在1000~1500kg/667m^2的小型萝卜(如四季萝卜)可施有机肥0.5~1m^3/667m^2;产量水平在4500~5000kg/667m^2的高产品种可施有机肥2~3m^3/667m^2。

(2)产量水平在4000kg/667m^2以上:氮肥(N)15~18kg/667m^2,磷肥(P_2O_5)5~7kg/667m^2,钾肥(K_2O)12~14kg/667m^2。

产量水平为2500~4000kg/667m^2:氮肥(N)10~13kg/667m^2,磷肥(P_2O_5)4~6kg/667m^2,钾肥(K_2O)10~12kg/667m^2。

产量水平为1000~2500kg/667m^2:氮肥(N)6~9kg/667m^2,磷肥(P_2O_5)3~5kg/667m^2,钾肥(K_2O)8~10kg/667m^2。

若基肥没有施用有机肥,可酌情增加氮肥(N)3~5kg/667m^2和钾肥(K_2O)2~3

$kg/667m^2$。对容易出现硼微量元素缺乏的地块，或往年已表现出缺硼症状的田块，可于播种前每亩基施硼砂1kg，或于萝卜生长中后期用0.1%～0.5%的硼砂或硼酸水溶液进行叶面喷施(也可混入农药一起喷施)，每隔5～6天喷一次，连喷2～3次。

全部有机肥作基肥施用，氮肥总量的40%作基肥，60%于莲座期和肉质根生长前期分2次作追肥施用；磷、钾肥料全部作基肥施用，或2/3钾肥作基肥，1/3于肉质根生长前期追施。

(三)莴 苣

1.施肥问题及施肥原则

针对莴苣生产中有机肥施用量少，盲目偏施氮肥现象突出，磷、钾肥施用量不足，施肥时期和方式不合理等问题，提出以下施肥原则：

(1)增施有机肥料，控制氮肥，增施磷、钾肥。

(2)肥料分配方式以基追结合为主。追肥以氮肥为主，合理配施钾肥。

(3)酸化严重的菜园应适量施用石灰等酸性土壤调理剂。

(4)施肥与优质栽培技术特别是水分管理相结合，以提高肥水利用率。

2.施肥量及方法

(1)基肥一次施用腐熟农家肥1000～$1500kg/667m^2$。

(2)产量水平在$3500kg/667m^2$以上：氮肥(N)16～$18kg/667m^2$，磷肥(P_2O_5)7～9 $kg/667m^2$，钾肥(K_2O)8～$10kg/667m^2$。

产量水平为2500～$3500kg/667m^2$：氮肥(N)14～$16kg/667m^2$，磷肥(P_2O_5)5～6 $kg/667m^2$，钾肥(K_2O)6～$8kg/667m^2$。

产量水平为1500～$2500kg/667m^2$：氮肥(N)12～$14kg/667m^2$，磷肥(P_2O_5)4～5 $kg/667m^2$，钾肥(K_2O)5～$6kg/667m^2$。

莴苣耐酸能力很差，菜园土壤pH低于5时，每亩需施用生石灰150～200kg。氮肥全部作追肥，按照20%、30%和50%在移栽返青期、莲座期和快速生长初期分3次追施，钾肥40%～50%基施，其余部分在莲座期和快速生长初期分2次追施，磷肥全部作基肥条施或穴施。

(四)甘 蓝

1.施肥问题

一是不同田块有机肥施用量差异较大，盲目偏施氮肥现象严重，钾肥施用量不足，施用时期和方式不合理。二是施肥存在“重大量元素，轻中量元素”现象，影响产品品质。三是过量灌溉造成水肥浪费的问题普遍，氮肥利用率较低。

2.施肥原则

(1)合理施用有机肥，有机肥与化肥配合施用；氮、磷、钾肥的施用应遵循控氮、稳磷、增钾的原则。

(2)肥料分配上以基追结合为主；追肥以氮肥为主，氮、磷、钾合理配合；注意在莲座期至结球后期适当补充钙、硼等中微量元素，防止“干烧心”等病害的发生。

(3)与高产栽培技术，特别是节水灌溉技术结合，以充分发挥水肥耦合效应，提高肥料利用率。

3.施肥量及比例

(1)基肥一次施用优质农家肥$2m^3/667m^2$。

(2)产量水平在$6500kg/667m^2$以上:氮肥(N)$18\sim20kg/667m^2$,磷肥(P_2O_5)$10\sim12kg/667m^2$,钾肥(K_2O)$14\sim16kg/667m^2$。

产量水平为$5500\sim6500kg/667m^2$:氮肥(N)$15\sim18kg/667m^2$,磷肥(P_2O_5)$6\sim10kg/667m^2$,钾肥(K_2O)$12\sim14kg/667m^2$。

产量水平为$4500\sim5500kg/667m^2$:氮肥(N)$13\sim15kg/667m^2$,磷肥(P_2O_5)$4\sim6kg/667m^2$,钾肥(K_2O)$8\sim10kg/667m^2$。

氮、钾肥30%~40%基施,60%~70%在莲座期和结球初期分2次追施,磷肥全部作基肥条施或穴施。

(3)对往年"干烧心"发生较严重的地块,注意减少铵态氮施用或者适度补钙,可于莲座期至结球后期叶面喷施0.3%~0.5%的$CaCl_2$溶液2~3次。对于缺硼的地块,可基施硼砂$0.5\sim1kg/667m^2$,或叶面喷施0.2%~0.3%的硼砂溶液2~3次。同时可结合喷药喷施2~3次0.5%的磷酸二氢钾,以提高甘蓝的净菜率和商品率。

(五)辣　椒

1.施肥问题

辣椒生产中普遍存在重施氮肥,轻施磷、钾肥,重施化肥,轻施或不施有机肥,忽视中微量元素肥料等突出问题。

2.施肥原则

(1)因地制宜地增施优质有机肥。

(2)开花期控制施肥,从始花到分枝坐果时,除植株严重缺肥可略施速效肥,都应控制施肥,以防止落花、落叶、落果。

(3)幼果期和采收期要及时施用速效肥,以促进幼果迅速膨大。

(4)辣椒移栽后到开花期前,促控结合,薄肥勤浇。

(5)忌用高浓度肥料,忌湿土追肥,忌在中午高温时追肥,忌过于集中追肥。

3.施肥量及比例

(1)优质农家肥$2\sim4m^3/667m^2$作基肥一次施用。

(2)产量水平在$4000kg/667m^2$以上:施氮肥(N)$18\sim22kg/667m^2$,磷肥(P_2O_5)$5\sim6kg/667m^2$,钾肥(K_2O)$13\sim15kg/667m^2$。

产量水平为$2000\sim4000kg/667m^2$:施氮肥(N)$15\sim18kg/667m^2$,磷肥(P_2O_5)$4\sim5kg/667m^2$,钾肥(K_2O)$10\sim12kg/667m^2$。

产量水平在$2000kg/667m^2$以下:施氮肥(N)$10\sim12kg/667m^2$,磷肥(P_2O_5)$3\sim4kg/667m^2$,钾肥(K_2O)$8\sim10kg/667m^2$。

氮肥总量的20%~30%作基肥,70%~80%作追肥;磷肥全部作基肥;钾肥总量的50%~60%作基肥,40%~50%作追肥。

(3)在辣椒生长中期注意分别喷施500倍的叶面硼肥和叶面钙肥产品,防治辣椒脐腐病。

（六）设施番茄

1.施肥问题

一是过量施肥现象普遍，氮、磷化肥用量偏高，土壤氮、磷养分积累明显。二是养分投入比例不合理，非石灰性土壤钙、镁、硼等元素供应存在障碍。三是过量灌溉导致养分损失严重。四是连作障碍等导致土壤质量退化严重，养分吸收效率下降，蔬菜品质下降。

2.施肥原则

（1）合理施用有机肥，调减氮、磷肥数量，增施钾肥，非石灰性土壤及酸性土壤需补充钙、镁、硼等中微量元素。

（2）根据作物产量、茬口及土壤肥力条件合理分配化肥，大部分磷肥基施，氮、钾肥追施；早春生长前期不宜频繁追肥，重视花后和中后期追肥。

（3）与高产栽培技术结合，采用“少量多次”的原则，合理灌溉施肥。

（4）土壤退化的老棚需进行秸秆还田或施用高碳氮比的有机肥，少施禽粪肥，增加轮作次数，达到除盐和减轻连作障碍的目的。

3.施肥量及比例

（1）苗肥增施腐熟有机肥，补施磷肥，每 $10m^2$ 苗床施经过腐熟的禽粪 60～100kg，钙镁磷肥 0.5～1kg，硫酸钾 0.5kg，根据苗情喷施 0.5%～0.1%的尿素溶液 1～2 次。

（2）基肥施用优质有机肥 $2～3m^3/667m^2$。

（3）产量水平为 $8000～10000kg/667m^2$：氮肥（N）$30～38kg/667m^2$，磷肥（P_2O_5）$15～20kg/667m^2$，钾肥（K_2O）$35～40kg/667m^2$。

产量水平为 $6000～8000kg/667m^2$：氮肥（N）$20～30kg/667m^2$，磷肥（P_2O_5）$10～15kg/667m^2$，钾肥（K_2O）$30～35kg/667m^2$。

产量水平为 $4000～6000kg/667m^2$：氮肥（N）$15～20kg/667m^2$，磷肥（P_2O_5）$8～10kg/667m^2$，钾肥（K_2O）$20～25kg/667m^2$。

70%以上的磷肥作基肥条（穴）施，其余随复合肥追施，20%～30%的氮、钾肥基施，70%～80%在花后至果实膨大期间分 3～10 次随水追施，每次追施氮肥（N）不超过$5～7kg/667m^2$。

（4）菜田土壤 pH 低于 6 时易出现钙、镁、硼缺乏，可基施钙肥（Ca）$50～75kg/667m^2$、镁肥（Mg）$4～6kg/667m^2$，根外补施 2～3 次 0.1%浓度的硼肥。

（七）设施黄瓜

1.施肥问题

一是生产中存在盲目过量施肥，施肥比例不合理，过量灌溉导致养分损失严重。二是菜田施用的有机肥多为畜禽粪，导致土壤生物活性降低，连作障碍等导致土壤质量退化严重，养分吸收效率下降，黄瓜产品质量下降。

2.施肥原则

（1）增施有机肥，提倡施用优质有机堆肥，老菜棚注意多施含秸秆多的堆肥，少施禽粪肥，实行有机、无机肥配合和秸秆还田。

（2）依据土壤肥力条件和有机肥的施用量，综合考虑环境养分供应，适当调整氮、磷、钾化肥用量。

(3)采用合理的灌溉技术，遵循少量多次的灌溉施肥原则。

(4)定植后苗期不宜频繁追肥，氮肥和钾肥分期施用，少量多次，避免追施磷含量高的复合肥，重视中后期追肥。

(5)蔬菜地酸化严重时应适量施用石灰等酸性土壤调理剂。

3.施肥量及比例

(1)育苗肥增施腐熟有机肥，补施磷肥，每 10m^2 苗床施用腐熟有机肥 60～100kg，钙镁磷肥 0.5～1kg，硫酸钾 0.5kg，根据苗情喷施 0.05%～0.1%的尿素溶液 1～2 次。

(2)基肥施用优质有机肥 3～4m^3/667m^2。

(3)产量水平为 14000～16000kg/667m^2：氮肥(N)45～50kg/667m^2，磷肥(P_2O_5)20～25kg/667m^2，钾肥(K_2O)40～45kg/667m^2。

产量水平为 11000～14000kg/667m^2：氮肥(N)37～45kg/667m^2，磷肥(P_2O_5)17～20kg/667m^2，钾肥(K_2O)35～40kg/667m^2。

产量水平为 7000～11000kg/667m^2：氮肥(N)30～37kg/667m^2，磷肥(P_2O_5)12～16kg/667m^2，钾肥(K_2O)30～35kg/667m^2。

产量水平为 4000～7000kg/667m^2：氮肥(N)20～28kg/667m^2，磷肥(P_2O_5)8～11kg/667m^2，钾肥(K_2O)25～30kg/667m^2。

如果采用滴灌施肥，可以减少 20%的化肥，如果大水漫灌，每次施肥则需要增加 10%～20%的肥料数量。

全部有机肥和磷肥作基肥施用，初花期以控为主，全部的氮肥和钾肥按生育期养分需求定期分 6～11 次追施；每次追施氮肥数量不超过 5kg/667m^2；秋冬茬和冬春茬的氮、钾肥分 6～7 次追肥，越冬长茬的氮、钾肥分 10～11 次追肥。

三、果树测土配方施肥技术

(一)苹　果

1.施肥问题

一是果园氮、磷化肥用量普遍偏高，春夏季果实膨大期施用氮肥数量和比例过大，肥料增产效率下降。二是山区果园一般有机肥料投入数量不足，果园土壤贫瘠，保水、保肥能力差。三是大多数苹果园钙素缺乏问题普遍，酸化土壤果园镁、硼缺乏问题突出，石灰性土壤果园铁、锌、硼缺乏时有发生。

2.施肥原则

(1)增施有机肥，提倡有机、无机配合施用；依据土壤肥力条件和产量水平，适当调减氮、磷化肥用量；注意钙、镁、硼和锌的配合施用。

(2)与高产优质栽培技术相结合，根据树势和树龄分期施用氮、磷、钾肥料。

(3)出现土壤酸化的果园可通过施用硅肥和熟石灰改良土壤。

3.施肥量及比例

(1)产量水平在 4500kg/667m^2 以上果园：氮肥(N)25～40kg/667m^2，磷肥(P_2O_5)10～15kg/667m^2，钾肥(K_2O)20～30kg/667m^2。

产量水平为 3500～4500kg/667m^2 果园：氮肥(N)20～30kg/667m^2，磷肥(P_2O_5)8～12 kg/667m²,钾肥(K_2O)15～25kg/667m²。

产量水平在 3500kg/667m² 以下果园:氮肥(N)15～25kg/667m²,磷肥(P_2O_5)6～10 kg/667m²,钾肥(K_2O)15～20kg/667m²。

(2)早熟品种,或土壤肥沃,或树龄小,或树势强的果园施有机肥 2～3m³/667m²,晚熟品种,或土壤瘠薄,或树龄大,或树势弱的果园施有机肥 3～4m³/667m²,化肥分 2～3 次施用(晚熟品种 3 次),第 1 次在 3 月中旬,氮、磷、钾配合施用;第 2 次在 6 月中旬,以氮、钾肥为主,增加钾肥用量;第 3 次在 7 月下旬到 8 月中旬,以钾肥为主,配合少量氮肥。

(3)土壤缺锌、硼和钙的果园,每亩施用硫酸锌 1～1.5kg、硼砂 0.5～1kg、硝酸钙 30～50kg,与有机肥混匀后早春施用;缺硫果园应选择含硫肥料,如硫酸钾型复合(混)肥、硫酸铵、硫酸钾、过磷酸钙等。

(二)桃

1. 施肥问题

桃园用肥量差异较大,肥料用量、氮磷钾配比、施肥时期和方法不合理,忽视施肥和灌溉的协调作用。在土壤呈碱性的桃园易出现叶白、枝枯、流胶等缺铜症。

2. 施肥原则

(1)加强有机肥施用比例,依据土壤肥力和早中晚熟品种及产量水平,合理调控氮、磷、钾肥施用水平,注意钙、镁、硼和锌或铜肥的配合施用。

(2)不同品种的春季追肥时期要有差别,早熟品种较晚熟品种追肥时期早,施肥的重点在秋季基肥,其春季追肥次数比晚熟品种少。

(3)与优质栽培技术相结合,夏季易出现涝害的平原地区需注意结合起垄、覆膜或果园生草技术。

3. 施肥量及比例

(1)有机肥施用量:早熟品种,或土壤肥沃,或树龄小,或树势强的果园施有机肥 1～2m³/667m²,晚熟品种,或土壤瘠薄,或树龄大,或树势弱的果园施有机肥 2～4m³/667m²。

(2)产量水平为 3000kg/667m² 桃园:氮肥(N)18～20kg/667m²,磷肥(P_2O_5)10～12 kg/667m²,钾肥(K_2O)20～23kg/667m²。

产量水平为 2000kg/667m² 桃园:氮肥(N)15～18kg/667m²,磷肥(P_2O_5)7～10 kg/667m²,钾肥(K_2O)17～20kg/667m²。

产量水平为 1500kg/667m² 桃园:氮肥(N)10～12kg/667m²,磷肥(P_2O_5)5～8 kg/667m²,钾肥(K_2O)12～15kg/667m²。

(3)施肥方法:全部有机肥作基肥于秋季或春季土壤解冻后施用,采用开沟土施方法施用。50%的磷肥和钾肥及 40%的氮肥一同与有机肥基施,其余氮、磷、钾肥按生育期养分需求分次追施。一般在桃树萌芽期(3 月初)、硬核期(5 月中旬)和果实膨大期追肥 2～3 次(早熟品种 2 次、晚熟品种 3 次)。这个时候需要分开早晚熟品种的施肥比例,5 月中旬是晚熟品种的硬核期。

(4)前一年早期落叶或负载量过高的果园,应加强根外追肥,萌芽前可喷施 2～3 次 1%～3%的尿素,萌芽后至 7 月中旬之前,每隔 7 天 1 次,按 2 次尿素与 1 次磷酸二氢钾的比例喷施,浓度为 0.3%～0.5%。若前一年发现过桃树出现叶白、枝枯、流胶等症状,可在桃树萌芽期喷施0.01%～0.03%的硫酸铜溶液。

(5)如施用有机肥数量较多，则秋季基施的氮、钾肥可酌情减少1～2kg/667m^2；若施用的有机肥料是猪粪，即使往年桃树出现过叶白、枝枯、流胶等症状，也可不再喷施硫酸铜。

(三)梨

1.施肥问题

一是有机肥施用少，有机质含量较低。二是氮肥投入量大，但利用率低，钾肥及中微量元素投入较少。三是施肥时期、施肥方式、肥料配比不合理。四是梨园土壤钙、铁、锌、硼等中微量元素缺乏普遍，尤其是南部地区梨园土壤磷、钾、钙、镁缺乏，土壤酸化严重。

2.施肥原则

(1)增加有机肥的施用，实施果园生草、覆盖技术，培肥土壤；土壤酸化严重的果园施用石灰和有机肥进行改良。

(2)依据梨园土壤肥力条件和梨树生长状况，适当减少氮、磷肥用量，增加钾肥施用量，通过叶面喷施补充钙、镁、铁、锌、硼等中微量元素。

(3)结合高产优质栽培技术、产量水平和土壤肥力条件，确定肥料施用时期、用量和元素配比。

(4)优化施肥方式，改撒施为条施或穴施，合理配合灌溉与施肥，以水调肥。

3.施肥量及方法

(1)产量水平在4000kg/667m^{2}以上果园：有机肥3～4m^3/667m^2，氮肥(N)25～30kg/667m^2，磷肥(P_2O_5)8～12kg/667m^2，钾肥(K_2O)20～30kg/667m^2。

(2)产量水平为2000～4000kg/667m^{2}果园：有机肥2～3m^3/667m^2，氮肥(N)20～25kg/667m^2，磷肥(P_2O_5)8～12kg/667m^2，钾肥(K_2O)20～25kg/667m^2。

(3)产量水平在2000kg/667m^{2}以下果园：有机肥2～3m^3/667m^2，氮肥(N)15～20kg/667m^2，磷肥(P_2O_5)8～12kg/667m^2，钾肥(K_2O)15～20kg/667m^2。

土壤钙、镁较缺乏的果园，磷肥宜选用钙镁磷肥；缺铁、锌和硼的果园，可通过叶面喷施浓度为0.3%～0.5%的硫酸亚铁、0.3%的硫酸锌、0.2%～0.5%的硼砂来矫正。根据有机肥的施用量，酌情增减氮、钾化肥的用量。

全部有机肥、全部磷肥、50%～60%的氮肥、40%的钾肥作基肥于梨果采收后的秋季施用，其余的40%～50%氮肥和60%钾肥分别在3月的萌芽期和6～7月的膨大期施用，根据梨树树势的强弱可适当增减追肥的次数和用量。

(四)樱　桃

中等肥力水平下，樱桃树年生育周期每亩施肥量为有机肥2500～3000kg(或商品有机肥350～400kg)、氮肥13～15kg、磷肥5～7kg、钾肥7～9kg。有机肥作基肥，氮、钾分基肥和二次追施，施肥比例为3∶4∶3，磷肥全部基施。

(1)基肥。有机肥全部作基肥，亩施尿素5kg、磷酸二铵11～15kg、硫酸钾4～5kg。

(2)追肥。开花期亩施尿素11～12kg、硫酸钾6～8kg。浆果膨大期亩施尿素8～9kg、硫酸钾4～5kg。

(3)根外追肥。全年4～5次，一般生长前期2次，以氮肥为主，后期2～3次，以磷、钾肥为主，叶面喷施 0.3%～0.5%的尿素、0.2%～0.3%的磷酸二氢钾、0.1%～0.3%的硼砂。

四、茶树测土配方施肥技术

（一）施肥问题及施肥原则

针对茶园有机肥料投入数量不足，土壤贫瘠，保水、保肥能力差，部分茶园氮肥用量偏高，磷、钾肥比例不足，中微量元素镁、硫、硼等缺乏时有发生，部分茶园过量施氮肥导致土壤酸化现象比较普遍等问题，提出以下施肥原则：

(1)增施有机肥，有机、无机配合施用。

(2)依据土壤肥力条件和产量水平，适当调减氮肥用量，加强磷、钾、镁肥的配合施用，注意硫、硼等养分的补充。

(3)出现土壤酸化的茶园可通过施用白云石粉、生石灰等进行改良。

(4)与高产优质栽培技术相结合。

（二）施肥量及方法

(1)一般茶园：氮肥(N)20～30kg/667m^2，磷肥(P_2O_5)4～6kg/667m^2，钾肥(K_2O)6～10kg/667m^2。

(2)缺镁、锌、硼茶园：土壤施用镁肥(MgO)2～3kg/667m^2、硫酸锌 0.7～1kg/667m^2、硼砂 1kg/667m^2。

(3)缺硫茶园：选择含硫肥料如硫酸铵、硫酸钾、过磷酸钙等。

全年肥料运筹：原则上有机肥、磷、钾和镁等以秋冬季基肥为主，氮肥分次施用。

基肥：施入全部的有机肥、磷、钾、镁、微量元素肥料和占全年用量 30%～40%的氮肥，施肥适宜时期在茶季结束后的 9 月底到 10 月底之间，基肥结合深耕施用，施用深度在 20cm 左右。

追肥：一般以氮肥为主，追肥时期依据茶树生长和采茶状况来确定，催芽肥在采春茶前 30 天左右施入，占全年用量的 30%～40%，夏茶追肥在春茶结束夏茶开始生长之前进行，一般在 5 月中下旬，用量为全年的 20%左右，秋茶追肥在夏茶结束之后进行，一般在 7 月中下旬施用，用量为全年的 20%左右。

第十章　绿色农产品生产技术规程

第一节　绿色食品黄瓜种植技术规程

一、播　种

（一）品种选择

选用抗病抗逆性强、商品性状好、产量高的品种，如津春3号、中农13号、新泰密刺等。

（二）种子质量

符合GB　8079－1987的要求。

（三）用种量

每亩用种140～160g。

（四）种子处理

用55℃的温水浸种10～15min，并不断搅拌至水温30℃～35℃，再浸泡3～4h，将种子反复搓洗，用清水冲净黏液后晾干再催芽。

（五）催　芽

将处理后的种子用湿布包好，放在25℃～30℃的条件下，种子“露白尖”时，再把种子放在0℃～2℃的条件下1～2天。

（六）播　种

12月中旬在育苗地挖15cm深苗床，内铺配制床土，厚10cm，浇水渗透后，上铺细土，按行株距3cm点种，上覆细土，高2cm，床上覆盖塑料薄膜。

二、苗期管理

（一）间　苗

及时间掉病虫苗、弱小苗和变异苗。

（二）分　苗

当苗子叶展平有一心时，在分苗床按行距10cm开沟，株距10cm座水栽苗。

(三)分苗后管理

如温度低可加小拱棚保温,缓苗后可划一次提高地温,不旱不浇水,干旱时喷水补墒。

(四)壮苗标准

株高 15cm 左右,3～4 叶一心,子叶完好,节间短粗,叶片浓绿肥厚,根系发达,健壮无病,苗龄 35 天左右。

三、田间管理

(一)定　植

在 2 月上旬定植,栽后利用小拱棚进行短期覆盖效果更好。

(二)整地施肥

定植前每亩施优质腐熟土杂肥 5000kg、尿素 10kg。

(三)浇　水

定植后浇一次缓苗水,不旱不浇水。进入结瓜期和盛瓜期需水量增加,要因季节、长势、天气等因素调整浇水间隔时间,每次要浇小水,并在晴天上午进行,遇寒流或阴雪天不浇水。

(四)追　肥

进入盛果期追肥一次,开沟追施或穴施 K_2SO_4 10kg。

四、温湿度管理

黄瓜生产在早晨 8 点温度应为 10℃～12℃,如湿度超过 90%可放小风排湿,然后盖严提温,到温度上升到 30℃应放风降温排湿,保持相对湿度在 80%以下。当棚室温度达 21℃时关风保温,到盖苫时逐步下降到 18℃。为了防止夜间湿度大结露,应在放苫后放风 1～2h,降低湿度,保证棚室最低温度不低于 10℃,达不到要求温度时,每小时可加盖小拱棚,大棚四周可加盖裙苫。

五、植株调整管理

当植株高 25cm 甩蔓时,要拉绳绕蔓;根瓜要及时采摘以免赘秧;蔓长到顶部应打尖促生回头瓜,要不断落蔓延长生育期;连阴时间长时要将中等以上瓜摘掉,以保证植株正常生长。

六、收　获

播种后 60 天即可开始采收。根瓜适时早采,可防坠秧,6 月中旬是采收盛期,可重摘,以保持植株不至早衰。

七、病虫害防治

(一)农业防治

施足底肥,加强田间管理,增强植株的抗病性。

（二）物理防治

减少病原物，黄瓜育苗床土要预先进行翻耕暴晒，以减少育苗床的病原菌数量，对种子进行温烫浸种；在定植前要淘汰病弱苗，防止病苗入大田；及时消除杂草，清洁田园，减少田间病原菌及传播途径。

（三）药剂防治

蚜虫病：用2.5%溴氰菊酯乳油喷雾防治1次，每亩用量15g。

霜霉病、炭疽病：用75%百菌清可湿性粉剂喷雾防治1次，每亩用量100g。

第二节　绿色食品辣椒种植技术规程

一、环境要求

（一）温　度

种子发芽的最适温度为25℃，适宜温度为20℃～30℃，低于10℃或高于35℃都不能发芽。苗期要求较高的温度，白天为27℃～30℃，夜间为18℃～20℃，超过30℃或低于15℃时，对茎叶生长和花芽分化均不利。

（二）光　照

辣椒是中日照植物，对光照要求不严格，只要温度适宜、营养条件好，都要开花结果。

（三）水　分

辣椒对水分的要求严格，喜欢地皮见干见湿和空气干爽的条件。日光湿室中辣椒对空气湿度的要求以60%～80%为宜，过湿易发生病害，且造成受粉不良，过干对受粉和坐果也不利。

（四）土壤和肥料

辣椒根系的生长对土壤要求较严，一般以土层深厚、质地适中、排水良好的肥沃土壤为宜。地势低洼的盐碱地和土壤质地较重、土壤板结严重等造成土壤通气性不良的土壤，一般不利于辣椒的生长。

二、栽培茬口的安排

春提早茬，12月底至1月初育苗，3月下旬定植，5月初始收。

三、品种的选择

应选择抗病、优质、高产、耐储、耐运、商品性好、适合市场需求、适合不同茬口的品种，或者选用已通过审定，且经当地生产已证实的优质、高产新品种。

四、育　苗

（一）苗床准备

种植667m^2的温室或大棚辣椒，需准备6～7m^2的苗床和25m^2的分苗畦。

（二）种子处理

播前将种子放在太阳光下晒2天，把种子放入55℃的温水中进行搅拌浸种15min，捞出后放入清水中浸泡4～5h，然后取出种子，洗掉表皮的黏液，置于28℃～30℃处保温侵芽，当发芽率达70%左右时即可播种。

（三）播　种

播种前整平苗床，下铺5cm厚的营养土，浇足底水，土壤不泥泞时播种，播量为6～8g/m^2，然后覆盖过筛的营养土1cm，上面加盖遮阳网、棚膜，以防高温、暴雨。

（四）苗期管理

播种至出苗保持日温28℃～30℃，幼苗拱土时降至27℃～28℃，夜温为18℃～20℃。出苗后白天为25℃～28℃，夜温逐渐由20℃降至15℃～17℃。子叶展开时要及时间苗。

当小苗长到两叶一心时要及时分苗，分苗前低温炼苗2～3天，应按6×7cm距离开沟摆放，要随起苗，随移栽，随浇水。

分苗后用小拱棚覆盖，阳光过强时用草帘或遮阳网遮阳。

缓苗时白天气温应保持在25℃～30℃，夜间为18℃～20℃。缓苗后白天气温为20℃～25℃，夜间气温为15℃～18℃。定植前7～8天要逐渐降温，对幼苗进行炼苗，白天温度可降到20℃，夜间可降到12℃，但不要低于10℃。

五、定　植

（一）整地施肥

1. 施肥原则

肥料的施用除满足蔬菜生长发育对营养元素的需要，所施的肥料应符无公害蔬菜生产肥料使用准则的要求。

2. 肥料施用

优质圈肥3000kg，硫酸钾50kg。

3. 整地起垄

深翻土壤40cm，细耕2遍，整平后按50×70cm交替打线起垄，垄高15～20cm，垄宽70cm，中间留宽40cm的浅沟，用于膜下暗灌。

（二）定　植

1. 定植标准

当辣椒苗长有6～8片真叶、苗高15cm左右、温室或大棚土温稳定在15℃时开始定植。

2. 定植时间

选择晴天的上午进行定植。

3. 定植方法

在定植前2～3天先浇足底水。定植时在垄上开10cm深的小沟，按30～40cm的标距把苗放好，栽苗深度以苗坨的高度为准，不要过深或过浅，定植后浇一次定植水。

六、定植后的管理

(一)前期管理

缓苗期应保持日温28℃～30℃、夜温18℃～20℃、地温22℃,保持高温、高湿的环境,以利缓苗。缓苗后可适当降低室内温度,当温度超过30℃时及时放风降温。

因辣椒不耐干旱,也不耐涝,土壤含水量要保持在田间持水量的55%左右。所以要根据土壤墒情及时浇水,浇水要采用滴灌或膜下暗灌,浇水后要及时放风排湿。

(二)结果期管理

辣椒进入盛果期要加强通风透光,采取推株并垄,摘除老叶、老枝,改善田间小气候,以提高辣椒的产量。

日光温室种植为了防止落花要尽量提高温室的温度,一般日温要保持在25℃左右,夜温保持在12℃～18℃,最低温度不要低于8℃,3月以前以保温为主,在适温的范围内尽量增加光照。

在结果初期追施尿素10kg,以满足植株对养分的需求。

七、病虫害防治

主要病虫害有猝倒病、灰霉病、蚜虫等。

防治原则:按照"预防为主,综合防治"的植保方针,坚持"农业防治,物理防治"的植保方针,坚持"以农业防治、物理防治、生物防治为主,化学防治为辅"的无害化治理原则。

(一)农业防治

温汤浸种、黄板诱蚜和银灰色膜驱避蚜虫、赤眼蜂、草青蛉等,以及采用病毒、线虫、菌类和病毒颗粒、苏云金杆菌等防治虫害。

(二)化学防治

猝倒病:发病初期用25%三唑酮可湿性粉剂喷雾1次,每亩用20g防治。

灰霉病:发病初期用75%百菌清可湿性粉剂喷雾1次,每亩用100g防治。

蚜虫:发病初期用2.5%溴氰菊酯乳油喷雾防治1次,每亩用量15g。

第三节　绿色食品茄子种植技术规程

一、生产基地的选择

应选择排灌方便、地势平坦、土壤肥力高的壤土或砂质壤土地块,并符合NY/T 391—2000的要求。

二、栽培季节及品种选择

(一)栽培季节

早春育苗,晚霜结束后定植,夏秋收获,早霜来临时结束。

(二)品种选择

选用抗病、优质、丰产、耐储运、商品性好、适应市场的品种,如短把黑、汾茄1号等。

三、育　苗

(一)育苗设施

根据育苗季节、气候条件的不同选用塑料大棚育苗设施,创造适合秧苗生长发育的环境条件。按照种植计划准备足够的播种床。每667m^2栽培面积需准备播种床5m^2。

(二)种子处理

温汤浸种:可用50℃的温水烫种,使种皮软化,加速发芽并可消毒防褐纹病。

种子处理催芽可用50℃的温水烫种,大约30min后捞出洗净,使种皮软化,然后置于20℃～30℃条件下保温保湿催芽。

四、播　种

(一)播种期

于1月下旬至2月上旬温室育苗。

(二)播种量

根据种子大小及定植密度,一般每亩大田用种量为25g种子(干)。

(三)播种方法

用露白即催好芽的种子播种,播种应选“暖头寒尾”的日子于上午进行,尽量争取播种后有数天温暖的日子,播种前浇水不易过大,水渗下后撒种,撒种后覆细土1～1.5cm,并铺盖塑料薄膜,夜间加盖草苫子。

五、苗期管理

(一)温　度

冬春育苗靠通风和遮阳来调节温度。

(二)光　照

夏秋育苗适当遮光降温。

(三)水　分

视苗床墒情适当浇水。

(四)分苗或间苗

待长出1～2片真叶时分苗,应选用保温性能较好的温室或阳畦冷床,选晴暖天气分苗,株行距为10cm×10cm,应及时浇水,注意保温。

(五)分苗后肥水管理

此时应注意防止苗床冻冷害发生,应保持土壤湿润,适时浇水,浇水后及时松土。

(六)炼　苗

定植前5～7天切块,并通风降温锻炼秧苗。

(七)壮　苗

指标苗龄90天左右,具有8～9片真叶,株高不超过20cm,茎粗0.3～0.4cm,叶大面厚，颜色深绿，根系发达，初显花蕾。

六、定　植

（一）整地施肥

禁止施用未经国家和省级农业部门登记的化学或生物肥料。禁止施用硝态氮肥。禁止使用城市垃圾、污泥、工业废渣。有机肥料需达到规定的卫生标准，每亩施优质圈肥5000kg、过磷酸钙50kg，整平耙细后，按1.2～1.5m的标准作平畦。

（二）定植时间

10cm地温稳定在12℃以上时才可进行茄子定植。

（三）定植方法及密度

茄子定植时应选晴暖天气，先在畦内按行距开沟，然后在沟内浇水，立即将带坨茄苗按株距放好，水渗下后覆土或先将苗栽入沟内，土坨略低于畦面，覆土后浇水，栽苗后立即严盖塑料薄膜。茄子定植时要考虑到合理密植。如果使用早熟品种，不采取任何整枝措施时，每亩可栽3000～4000株，1.2m宽的畦栽2行，株距30cm。如果准备在四母斗时摘心，并且抹去所有侧枝时，每亩密度是5000株，1.5m宽的畦栽3行，株距25～28cm。

七、田间管理

（一）水肥管理

及时浇缓苗水，从浇缓苗水到门茄坐果前为蹲苗期，一般不浇水，门茄坐果后应及时追肥浇水，保持土壤见干见湿，结果期应大量追肥浇水，每5～7天浇水1次，保持土壤湿润，追施尿素一次，每次每亩用量15kg。

（二）植株调整

结果期应及时将门茄以下的侧枝和老叶及时打掉。

八、病虫害防治

主要病虫害有黄萎病、灰霉病、茶黄螨等。按照“预防为主，综合防治”的植保方针，坚持“以农业防治、物理防治、生物防治为主，化学防治为辅”的无害化控制原则。

（一）农业防治

选用抗病品种；与葱、蒜等非茄科作物实行轮作，有条件的地方可实行水旱轮作；定植时采用带土坨移栽以减少伤根；加强田间水肥管理，合理施肥，促进植株健壮生长，增强植株抗逆性；及时去除病株，清洁田园，控制病源扩散。

（二）物理防治

覆盖银灰色地膜驱避蚜虫，利用高压汞灯、黑光灯、频振杀虫灯、性诱剂诱杀成虫；温汤浸种。

（三）生物防治

积极保护天敌，并利用天敌防治病虫害。

（四）化学防治

黄萎病：发病初期用50％多菌灵可湿性粉剂喷雾1次，每亩用25g防治。

灰霉病:75%百菌清可湿性粉剂喷雾1次,每亩用100g防治。

茶黄螨:2.5%溴氰菊酯乳油喷雾1次,每亩用15g防治。

九、采　收

应及时采收,过早则果型小,降低产量,过晚则果实内种子变硬,品质变劣,影响植株生长和以后的开花结果。采收时间以早晨或傍晚进行为宜,中午日照强,茄子表皮颜色深、温度高,易萎蔫,不耐储存,不宜采收。

第四节　绿色食品韭菜种植技术规程

一、选　地

栽培韭菜,首先应选择地势高燥、排灌方便、有机质含量高、前茬非葱蒜类、大气、土壤、灌溉水等生产条件必须符合GB/T 391—2000要求的田块。

二、培育韭根

播种时间:4月上旬。

品种选择:选用抗病虫、抗寒、耐热、分蘖力强、休眠期短、外观和内在品质好的品种,如紫根韭菜、汉中韭、791雪韭等。

种子质量:符合GB 8079的要求。

用种量:每亩用种4～5kg。

种子处理:可用干籽直播,也可用40℃温水浸种12h,除去秕籽和杂质,将种子上的黏液洗净后催芽。

催芽:将浸好的种子用湿布包好放在15℃～20℃的条件下催芽,每天用清水冲洗1～2次,60%种子露白尖时即可播种。

三、播种地准备

(一)前　茬

前茬为非葱蒜类蔬菜。

(二)整地施肥

基肥品种以优质有机肥为主;在中等肥力条件下,结合整地每亩撒施优质腐熟有机肥5000kg。

(三)作　畦

按栽培形式作适宜大小畦,在畦内按行距15～18cm、深8～10cm开沟。

(四)播　种

顺沟浇水,水渗后,将种子混2～3倍沙子在沟内撒播,或按穴距8～10cm,每穴8～10粒种子点播,播后盖土1.5～2cm。

（五）浇　水

出苗前需2～3天浇一水，保持土壤湿润。幼苗出土后，加强苗床管理是培养大苗壮苗的关键。在管理技术上掌握前期促苗、后期蹲苗的原则。从齐苗到苗高16cm，7天左右浇一小水。高温雨季注意排水防涝。

四、定植方法

6月中旬定植，将韭苗起出，剪去须根先端，留2～3cm以促进新根发育。再将叶子先端剪去一段，以减少叶面蒸发，维持根系吸收与叶面蒸发的平衡。在畦内按行距18～20cm、穴距10cm，每穴栽苗8～10株，适于生产青韭；或按行距30～36cm开沟，沟深16～20cm、穴距16cm，每穴栽苗20～30株，适于生产软化韭菜，栽培深度以不埋住分蘖节为宜。

五、水肥管理

当苗高8～10cm时，结合浇水每亩追施尿素10kg。每次收割后，把韭茬挠一遍，锄松周边土壤。

六、收　获

韭菜适于晴天清晨收割，收割时刀口距地面2～4cm，以割口呈黄色为宜，割口应整齐一致。两次收割时间间隔应在30天左右。在当地韭菜凋萎前50～60天停止收割。

七、施肥培土养根

三刀收后，当韭菜长到10cm时，顺韭菜沟培土2～3cm高，苗壮的可在露地时收1～2刀，苗弱的为养根不再收割。

八、病害虫的防治

（一）物理防治

糖酒液诱杀：按糖、醋、酒水和90%美曲膦脂晶体3∶1∶10∶0.6比例配成溶液，每亩放置1～3盒，随时添加以保持不干，诱杀种蝇类害虫。

（二）化学防治

韭蛆：成虫盛发期，顺垄撒施5%辛硫磷颗粒剂，每亩撒施500g防治。

疫病：发病初期用75%百菌清可湿性粉剂喷雾防治1次，每亩用量100g。

锈病：发病初期用25%三唑酮可湿性粉剂喷雾防治1次，每亩用量15g。

第五节　绿色食品菠菜种植技术规程

一、立地条件

生产基地的条件决定菠菜的产品质量。要求基地周边3km以内无污染源（包括工矿、医院等污染源);大气环境质量、农田灌溉水质量、农用土壤环境质量均符合绿色食品相关要求;并要求是耕层深厚、土质肥沃、有机质含量在1%以上、且具有较好的排水、保水性能的中性土壤。

二、品种选择

(一)品　种

一般选用抗逆性强、丰产性好、品质高的超群、荷兰全胜作为地用种。

(二)整　地

采用高畦栽培,地膜覆盖,便于排灌,减少病虫害。起垄栽培,垄宽30cm,垄高20cm,垄沟宽20cm;平畦栽培,畦面宽1～2m,畦埂宽25cm。

(三)播　种

根据气象条件和品种特性选择适宜的播期。春茬在当土壤表层4～6cm解冻后,或日平均气温达4℃～5℃时(3月20日前后)即可播种;秋茬在9月上旬播种;越冬茬在10月播种。播种方法有撒播和条播两种。起垄栽培宜采用条播法,每垄栽2行,小行距20cm,大行距30cm,间苗后株距3～5cm。平畦栽培撒播、条播均可,撒播的间苗后苗距6～8cm;条播的在畦上开沟,沟距20cm,间苗后株距5～8cm。当种子质量高、播种期适宜、不间苗、一次采收时,每亩播种量以1～1.5kg为宜。若播期稍晚或间苗分期采收时,播量可适当增加。

三、田间管理

(一)间　苗

如播种量大,长出2片真叶以后,苗密处可间苗。春秋茬,株距5～8cm较适宜,整齐度高,利于出口;越冬茬,入冬前4～6片叶为宜,苗过小、过大均对产量有影响。

(二)合理浇水

春茬,播前浇足水,保证苗齐苗壮。越冬茬,适时适量浇“冻水”,浇“冻水”可延迟浇“返青水”的时间,早春浇水,浇水量“宁少勿多”,要小水勤浇。

(三)施　肥

根据菠菜需肥规律、土壤养分状况和肥料效应,通过土壤测试,确定相应的施肥量和施肥方法,按照有机与无机相结合、基肥与追肥相结合的原则,实行平衡施肥。

1.基　肥

每亩优质圈肥施用量不低于2000kg。

2.追　肥

以有机肥为主,应根据土壤肥力和生长状况施用,每亩施尿素20kg,收获前15天内不应再施肥,合理采用根外施肥技术,通过叶面喷施快速补充营养。

不应使用工业废弃物、城市垃圾和污泥。不应施用未经发酵腐熟、未达到绿色化指标的人畜粪尿等有机肥料。选用的肥料应达到国家有关产品质量标准,满足绿色菠菜生产对肥料的要求。

四、病虫害防治

(一)病虫害防治原则

"预防为主,综合防治",优先采用农业防治、物理防治、生物防治,配合科学合理的化学防治,达到生产安全、优质的绿色菠菜的目的。不应使用国家明令禁止的高毒、高残留、高生物富集性、高三致(致畸、致癌、致突变)农药及其混配农药。农药施用严格执行 GB 4285 和 GB/T 8321 的规定。

(二)农业防治

因地制宜地选用抗(耐)病优良品种。合理布局,实行轮作倒茬,加强中耕除草,清洁田园,降低病虫源数量。播前种子应进行消毒处理,为防治霜霉病可用 75%百菌清可湿性粉剂按种子量的 0.4%拌种。

(三)物理防治

可采用银灰膜避蚜或黄板(柱)诱杀蚜虫。

(四)生物防治

保护天敌,创造有利于天敌生存的环境条件,选择对天敌杀伤力低的农药。释放天敌,如捕食螨、寄生蜂等。

(五)化学防治

防治霜霉病可选用 75%百菌清可湿性粉剂 500 倍液喷雾。交替轮换使用,7～10 天 1 次,连续防治 2～3 次。防治蚜虫可用溴氰菊酯 2.5%乳油 2000～3000 倍液喷雾。

五、适时收获

春茬 5 月上旬至 6 月上旬收获,秋茬 10 月中下旬收获,越冬茬翌年 3 月下旬至 4 月下旬收获。

第六节 绿色食品大白菜种植技术规程

一、基地选择

选择在空气清新、远离污染源、水质清洁、土壤未受污染、农业生态环境良好、并具有可持续生产能力的农业生产区域。

二、品种选择

选用高产、优质、抗病的北京新三号、丰抗 78、小杂 56、夏阳 50 等优良品种。

三、整地施肥

大白菜前茬以小麦为好,忌十字花科作物。结合整地每亩施优质圈肥 5000kg,撒匀后耕翻 10cm 然后作垄,垄距 60cm,垄高 20cm,并将垄背摊平,以备直播或定植。

四、播种育苗

（一）播种时间

一般多在 8 月播种，而且多采用直播，若土地腾茬困难，也可育苗移栽，苗龄一般 20 天左右，但早熟品种最好采用直播法。

（二）苗床准备

定植 667m^2 生产田，需苗床 30m^2，可以在生产田内就地作高畦，适当掺些细砂或草木灰，普撒均匀后，耕翻 15cm，耙平后作畦，畦面应高出地面 15cm 左右，以防积水沥涝。

（三）播种及苗期管理

秋大白菜一般在 8 月上旬直播，在垄背上按 40cm 株距开穴，穴内浇水后播 3～5 粒种子。播后 3～4 天即可出苗，7～8 天进行间苗，在 4 叶期进行第二次间苗，每穴留两株。到 6～8 叶时即可定苗，每穴留一株壮苗。如育苗移栽，可提前 5～6 天播种，播种前先将床面轻轻镇压，按 10cm 行距划 1cm 的浅沟，将种子均匀播在沟内，然后覆土盖匀，保持土壤湿润，经 3～4 天即可出苗。也可在播前浇底水，水下渗后按畦撒播种子，随后盖 1cm 厚的细土，保持土壤湿润，经 3～4 天即可出苗。为防止暴晒和大雨冲刷，可扣塑料棚、遮阳网等。发现土表干裂，要及时喷水降温保持湿润。当幼苗长到 2 片真叶时，进行第一次间苗，株距 3～4cm，长到 3～4 片真叶时，进行第二次间苗，株距 10cm 左右。同时要中耕除草，及时防止病虫害，幼苗长到 5～6 片真叶时即可定植。

五、定苗或定植

直播的可于 6～8 叶时定苗，每穴选留一株壮苗。育苗移栽的，按株距 40cm 开穴，每穴栽一株壮苗，栽后浇水封埯，一般经 5～6 天即可缓苗。缓苗后要及时中耕松土，以促进根系生长和蹲苗。进入团棵期，每亩穴施磷酸二铵复合肥 15kg，封埯后浇水，浇水时以能洇湿垄背为宜，不可大水漫灌，大雨过后应及时排水。

六、田间管理

大白菜莲座期为 26～28 天，是大白菜增加叶片数的关键时期，必须加强肥水管理，尤其是土壤不可干旱。结球期为 35～45 天，是需要水肥的盛期，抽筒期结合灌水追施灌心肥，每亩可施尿素 10kg。在田间作业时注意不要损伤叶片，中耕时不要损伤根部，浇水时不要大水漫灌，以预防软腐病害。此外，在霜降前可以人工捆菜，以助包心。收获期一般在 11 月中下旬，气温低于 5℃时，应及时收获储藏或出售。

七、病虫害防治

在防治上应以农业和物理防治为基础，生物防治为核心，按照病虫害的发生规律和经济阈值，科学使用化学防治技术有效控制病虫危害。

（一）农业防治

推广大白菜栽培技术，提高大白菜抗耐病虫害的能力，充分利用有利的生态条件，增强自然控制能力，因地制宜地选用农艺性状好的抗耐病虫良种。

（二）物理防治

根据害虫生物学特征，采取黑光灯等方法诱杀害虫。

（三）生物防治

人工释放、助迁和保护瓢虫、捕食螨等天敌，利用昆虫性外激素诱杀或干扰成虫交配。

（四）化学防治

大白菜的病虫害主要有霜霉病、软腐病和蚜虫。在化学防治上应加强病虫害的预测预报，做到有针对性的适时用药，根据病虫害的发生特点，合理选用高效低毒农药，做到对症下药，严禁使用高毒、高残留农药。坚持农药的正确使用，严格按使用浓度施用，施药力求均匀周到。

霜霉病：可于发病时，每亩用25％甲霜灵可湿性粉剂30g，兑水1000倍喷雾防治。

软腐病：可于发病时，每亩用72％农用链霉素可溶性粉剂20g，兑水1000～1500倍喷雾防治。

蚜虫：可于发生时，每亩用10％吡虫啉可湿性粉剂20g，兑水1500倍喷雾防治。

第七节　绿色食品豆角种植技术规程

一、产地环境

应符合NY/T 391—2000的规定，选择地势高燥、排灌方便、土层深厚、疏松、肥沃的地块。

二、生产技术管理

（一）保护设施

塑料大棚。

（二）大棚栽培

2月上旬大棚地温在10℃左右时播种。

（三）播量的确定

一般每亩播3kg。

（四）播种方式

豆角播种一般采用干籽直播，不需浸种。如需浸种，可用50℃～55℃温水烫种15～30min，在此过程中须不断搅拌，水温降至30℃时停止，然后浸泡，豇豆约需6～8h，其他豆类一般需要1h左右。也可用药剂浸种，防止苗期病害和枯萎病等病害。

（五）催　芽

豆类蔬菜一般不需要催芽，浸种后可直接播种，如需催芽，可待种子充分吸足水分后，捞出洗净表面黏液，再用干净的湿纱布或毛巾包裹，在25℃～28℃环境下催芽，需1～2天。露地直播时，要先将地块浇透，有足够的底墒后再播，忌播种后再浇“蒙头水”。若催芽，露白约60％时即可播种。播种一般采用点播。播前应浇透水，播种时须平放种子，播后应用营养土盖种，覆盖厚度一般是种子厚度的3～5倍。

（六）苗床管理

播种后到出苗前苗床管理：播种后，苗床温度白天应控制在25℃～28℃、夜间16℃～20℃，以利于尽快出苗。

出苗后到定植期苗床管理：出苗后，苗床温度要降低到白天23℃左右、夜间16℃左右，防止幼苗徒长，要增加光照。

三、定植前的管理

白天床温应保持在24℃～28℃，夜间为15℃～18℃，要逐步增加光照时间和光照强度，适当浇水追肥。

四、整　地

豆类蔬菜以施基肥为主，追肥比其他蔬菜要适当减少。每亩施优质圈肥4000kg，作好栽培畦，一般畦宽（连沟）1.3～1.5m，畦沟深10～20cm。

五、定植方式

行株距为（60～80）cm×（25～40）cm，宜早定植，可根据情况采取铺地膜等保温措施，定植宜在晴天下午进行，要浇定植水。

六、水肥管理

定植初期：以促进缓苗为目的，浇足定植水，在此期间不用施肥，需要3～5天。

缓苗后至结果初期：以促根控秧为主要目标，水以控为主，以不旱为原则。若缺水，则应轻浇。此期可不用追肥。

结果初期至整个结荚盛期：当第一花市开花坐荚、几节花序显现后，要浇足头水。随水追施尿素10kg，头水后，待中下部荚伸长、中上部花序出现时再浇第二次水，以后进入结荚期，见干就浇水，才能获得高产。

七、插架、摘心、打杈

豆角甩蔓后插架，可将第一穗花以下的杈子全部抹掉，主蔓爬到架顶时摘心，后期的侧枝坐荚后也要摘心。主蔓摘心促进侧枝生长，抹杈和侧枝摘心促进豆角生长。

八、病虫害防治

豆角的病害有猝倒病、蚜虫等。

（一）农业栽培防治方法

实行轮作，避免连作。豆角以施基肥为主，追肥比其他蔬菜适当减少。要选择能灌能排、质地疏松肥沃的地块。采用高畦深沟、地膜覆盖方式栽培。加强苗床管理，培育无病苗和壮苗。定植前7天要进行炼苗，使之逐渐适应大田环境。采用合理的田间管理措施，减少病虫发生发展的机会。早春用小拱棚防寒，提高植株抗病能力；春末夏初用银膜或银灰色膜遮阳网覆盖，防治蚜虫、螨类、豆类、豆荚螟等虫害。

（二）化学防治

苗期猝倒病：发病初期用75%百菌清喷雾防治1次，每亩用量100g。

蚜虫：发病初期用2.5%溴氰菊酯乳油喷雾防治1次，每亩用量15g。

九、适期采收

7月下旬采收，在种子尚未发育前采收，在采收时要尽量减少豆荚损伤，尤其是豆荚尖端。

第八节　绿色食品山药种植技术规程

本规程包括绿色食品山药的生产栽培管理技术和病虫害防治技术。

一、相关定义

（一）绿色食品山药

指出自良好的生态环境，按照绿色食品生产操作规程生产或加工，有毒有害物质含量控制在安全允许范围内，经专门机构认定，许可使用绿色食品标志的、无污染的安全、优质山药。

（二）零余子

即山药茎蔓叶腋间着生的气生块茎，椭圆形，又叫“山药豆”，可作种子繁殖，用来更新山药栽子。

（三）山药栽子

山药上端较细，具有隐芽和茎的斑痕，通常用来作“种”栽植。

二、产地条件

产地必须选择在生态环境良好，无或不直接受工业“三废”及农业、城镇生活医疗废弃物污染的农业生产区域。

（1）产地区域内及上风向、灌溉水源上游没有对产地环境构成威胁的污染源，包括工业“三废”、农业废弃物、医院污染及废弃物、城市垃圾和生活污染等污染源。

（2）土壤背景值高的地区及与土壤、水源有关的地方病高发区，不能作为绿色食品山药的生产基地。

（3）产区灌溉用水、大气、土壤必须符合NT/T 391—2000相关相定。

三、栽培管理技术措施

（一）定植前准备

1.选用良种

选用抗病虫、高产、优质的当家品种新城山药。

2.栽培方式

山药栽培选择轮作方式。在同一块地片上栽植山药，采用隔沟轮换种植的方法，种植山药的地片每隔 3 年轮作一次。

3. 培养栽子

选择已栽培 2～3 年的优质山药繁殖栽子，把块茎切成长 10～15cm 小段作种。如扩大种植面积，可用气生块茎于当年繁殖成山药栽子，翌年使用。

4. 整地开沟

选择土质疏松、干燥，土层深厚(130cm 左右)、肥沃，排灌方便，pH 为 5.5～7，保水、保肥力强，通气性好的砂质土壤，在冬季至清明前进行整地开沟。按行距 1m 挖南北向深沟，沟深 120～140cm，沟宽 30cm。

(二)适时种植

1. 种植时间

一般在 4 月中下旬，当气温回升到 12℃以上、地温稳定在 10℃以上时，选择符合栽培特征、无病块、根上端较硬的种块种植。

2. 栽植密度

适宜的密度为每亩栽植 3500～3800 株。栽种时用锄头顺垄开沟种植，株距 20～25cm。栽前先灌足底水，将栽子平摆于沟中，将芽朝上，然后覆土 10cm 培成垄，垄高 15cm 左右，两边用脚踩实。

3. 施足基肥

下种后到出苗前，将种植沟两侧行间的土壤深翻 20～30cm，一次性施入基肥，每亩施优质圈肥 5000kg。

(三)田间管理

1. 及时搭架

春季当苗高 25cm 左右时，用长 2m 的竹竿搭一牢固的“人”字形支架，架高 1.5～2m，然后引蔓上架以利于通气透光。

2. 浇　水

定植后苗期基本不浇水，在茎叶旺盛生长后期保持土壤见干不见湿；块茎膨大期应适当浇水，保持土壤湿润状态；收获前 10 天停止浇水。在伏雨季节每次大雨过后，应及时排除积水和进行“涝浇园”。

3. 追　肥

在 9 月下旬追肥 1 次，每次每亩施硫酸钾复合肥 20kg。

4. 中耕除草

山药定植后浅中耕 1 次，以后每次浇水和降雨后都应进行中耕。中耕时宜浅不宜深，以免损伤根系。

5. 剪枝、摘花蕾

当中上部的茎蔓叶腋间生长出零余子的花蕾叶时，除留下结零余子的植株，其他植株花蕾应全部抹掉，并及时剪去侧枝，以减少养分消耗，并利于通风透光，使养分集中于块茎膨大部分。

6. 收　获

山药从遇霜后茎叶枯黄时起一直到次年 3 月底收获，产量最高，一般每亩达 2000kg

以上。由于山药皮很薄,在挖山药时要注意防止机械损伤。也可以留在土壤里到第二年清明前后收获,但越冬前须盖土防冻。

(四)病虫害防治

1.病虫害种类

山药一般很少发生病虫害,主要病害有斑纹病、炭疽病,虫害主要有斜纹夜蛾。

2.病虫害防治

炭疽病:喷洒70%甲基托布津可湿性粉剂800倍液1次,每亩每次用量70g。

斜纹夜蛾:用10%氯氰菊酯乳油1000倍液喷雾1次,每亩每次用量30mL。

第九节　绿色食品芸豆种植技术规程

一、基地选择

产地环境质量符合绿色食品产地环境技术条件的要求。

二、品种选择

选用通过国家或地区审定的优质、高产、抗性强、适应当地生产条件的芸豆优良品种或地方名特品种。

三、田地准备

应选择地势高、排灌方便、地下水位较低、土层深厚、三年以上未种植过豆科作物的地块。

四、播　种

播种宜在2月上旬播种,蔓生种2500～3500穴/667m^2,每穴2～3株。

(一)种子处理

育苗移栽的芸豆应进行温汤浸种。晾晒后的种子用55℃水浸泡15min,不断搅拌;使水温降至30℃,继续浸种4～5h捞出待播。

(二)播种育苗

播种后盖薄土,温度保持在15℃～25℃,定植前5～7天炼苗,苗龄15～25天,幼苗基生叶展开、出现复叶即可栽植。

五、田间管理

(一)查苗补缺

及时查苗补缺,播种后12～15天,或移栽后7～10天,进行田间查苗,若发现缺苗,应立即补种补栽,保证苗齐、苗全、苗壮。直播芸豆齐苗后,在1～2片真叶期,匀去弱小苗,3～4片真叶期按预定密度定苗。

(二)植株调整

蔓生型芸豆在出现缠绕茎时(蔓长 20cm)应及时搭架,将蔓牵引至"人"字架上,捆绑一次。

(三)中耕除草

苗高 15～20cm 时,进行中耕除草,使土壤保持疏松。

(四)灌溉排水

在干旱的情况下,可进行沟灌,随灌随排。同时要做好清沟排渍工作,以免芸豆受涝,影响生长发育和开花结荚。

六、施　肥

根据芸豆的长势长相和生育期长短,按平衡施肥的要求施肥,以有机肥为主,适时适量施用氮肥,保证养分供应,使植株健壮生长,促进开花结荚。收获前 20 天停止用肥。

(一)基　肥

芸豆播种或移栽前宜用腐熟有机肥作基肥,不宜用过多的氮素肥料,防止烂种。一般用优质圈肥 2000kg/667m^2,过磷酸钙 15kg/667m^2,

(二)追　肥

在齐苗或定植后 12～20 天,追施尿素 10kg。

七、病虫害防治

(一)农业防治

因地制宜地选用抗耐病品种。培育无病虫壮苗,使幼苗健壮,增强抗病虫能力。合理轮作(实行两年以上轮作)、间套作,铲除田边和田间寄主杂草,减少病虫源。合理密植,改善通风透光条件,提倡深沟高厢栽培,合理灌溉、排湿,防止田间积水,创造有利于芸豆生长的环境。清理病株(叶)残体,集中销毁。平衡施肥,增施有机肥。采用配方施肥技术,以增强抗病虫能力。

(二)物理防治

利用频振式杀虫灯、黄板诱杀害虫。温汤浸种杀虫、杀菌。

(三)生物防治

保护和利用天敌,如七星瓢虫、食蚜蝇、寄生蜂等,发挥其对有害生物的自然控制作用。

(四)化学防治

芸豆主要病虫害有炭疽病、蚜虫等。

炭疽病:发病初期即开始喷药预防,用 75%百菌清可湿性粉剂喷雾 1 次,每亩用 100g 防治。

蚜虫:发病初期用 2.5%溴氰菊酯乳油喷雾 1 次,每亩用 15g 防治。

八、收　获

5 月下旬,芸豆豆粒充实饱满,豆粒呈现品种固有色泽即可收获。

主要参考文献

[1]黄昌勇.土壤学.北京:中国农业出版社,2000

[2]刘耀林.土地信息系统.北京:中国农业出版社,2003

[3]编委会.全国测土配方施肥工作方案设计与"沃土工程"技术指导、推广新模式实用手册.北京:土地管理出版社,2007

[4]全国农业技术推广服务中心.土壤分析技术规范(第二版).北京:中国农业出版社,2006

[5]山东省土壤肥料总站.山东省测土配方施肥工作暨培训会议材料(内部资料),2006

[6]山东省土壤肥料总站.山东土种志(内部资料),1991

[7]泰安市土壤肥料工作站.泰安市土壤志(内部资料),1984

[8]岱岳区统计局.岱岳区统计年鉴(内部资料),2005~2008

[9]岱岳区气象局.历年气象资料(内部资料),2008

[10]岱岳区国土资源局.土地面积年报表(内部资料),2008

[11]岳玉德,李涛.青州耕地.济南:山东大学出版社,2004

[12]姜春云.中国农业实践概论.北京:中国农业出版社,2001

[13]褚天铎等.化肥科学使用指南.北京:金盾出版社,2002

附　图

岱岳区土地利用现状图

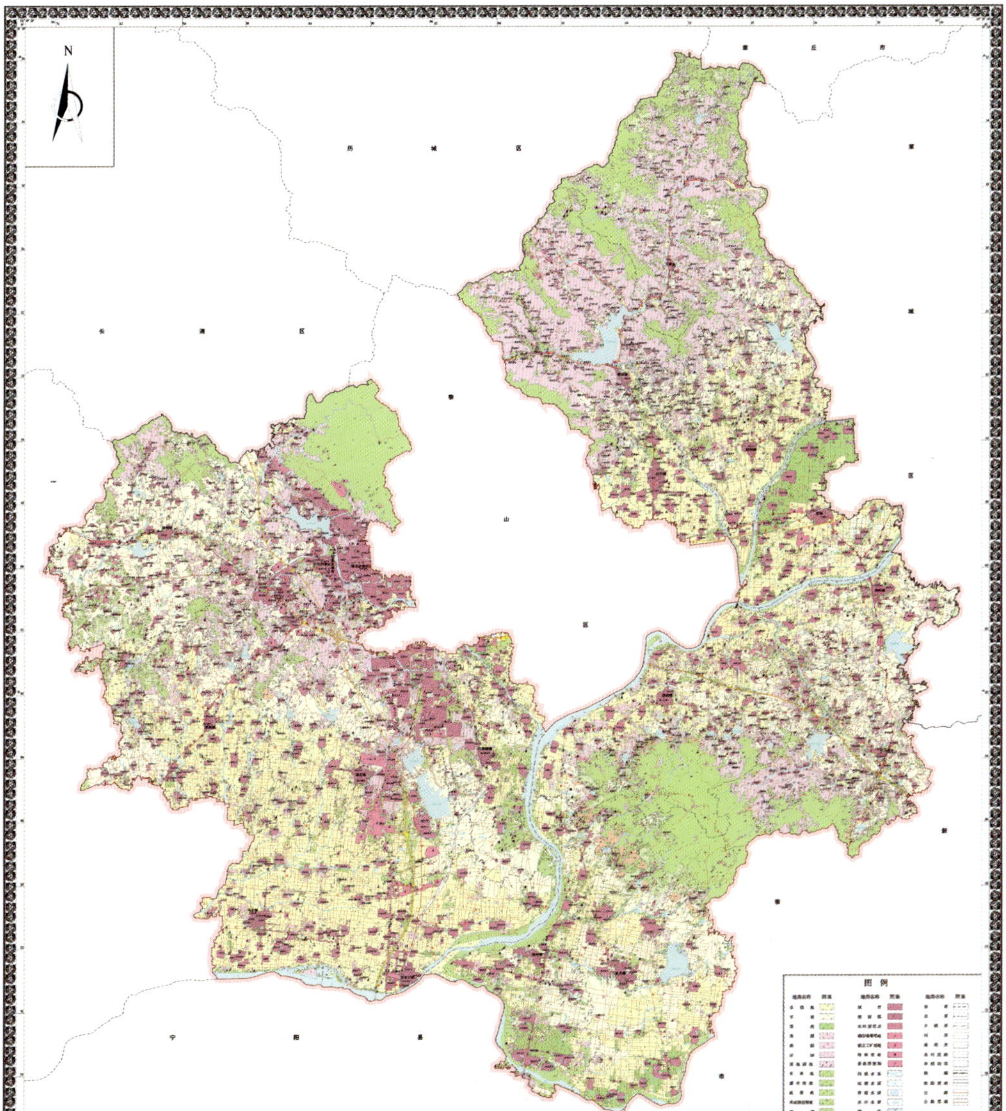

1954年北京坐标系　1956年黄海高程系　　比例尺1:475000　　山东天地亚太国土遥感有限公司
山东农业大学资源与环境学院　二〇〇九年十月

岱岳区地貌图

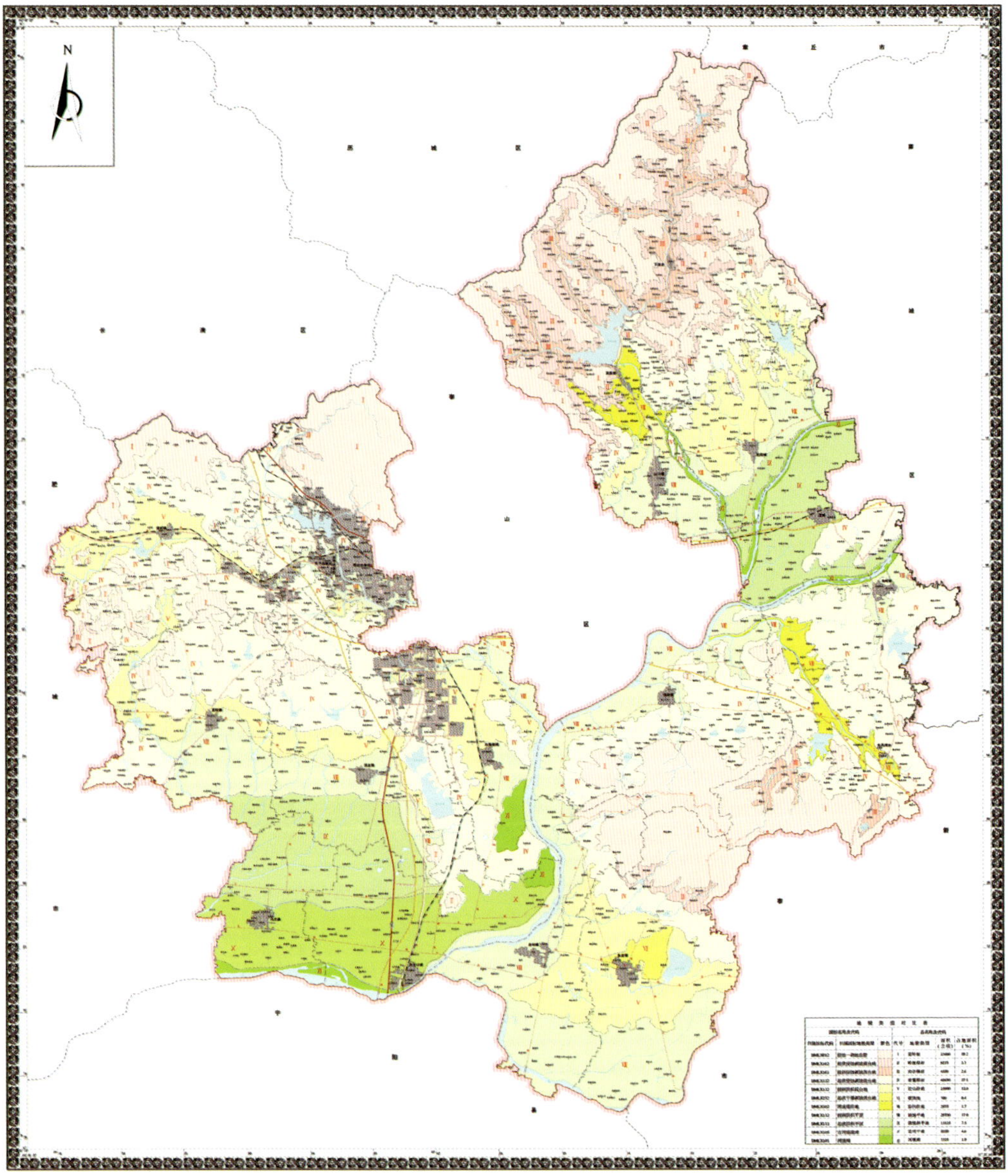

1954年北京坐标系 1956年黄海高程系 比例尺1:475000 山东天地亚太国土遥感有限公司 山东农业大学资源与环境学院 二〇〇九年十月

岱岳区土壤图

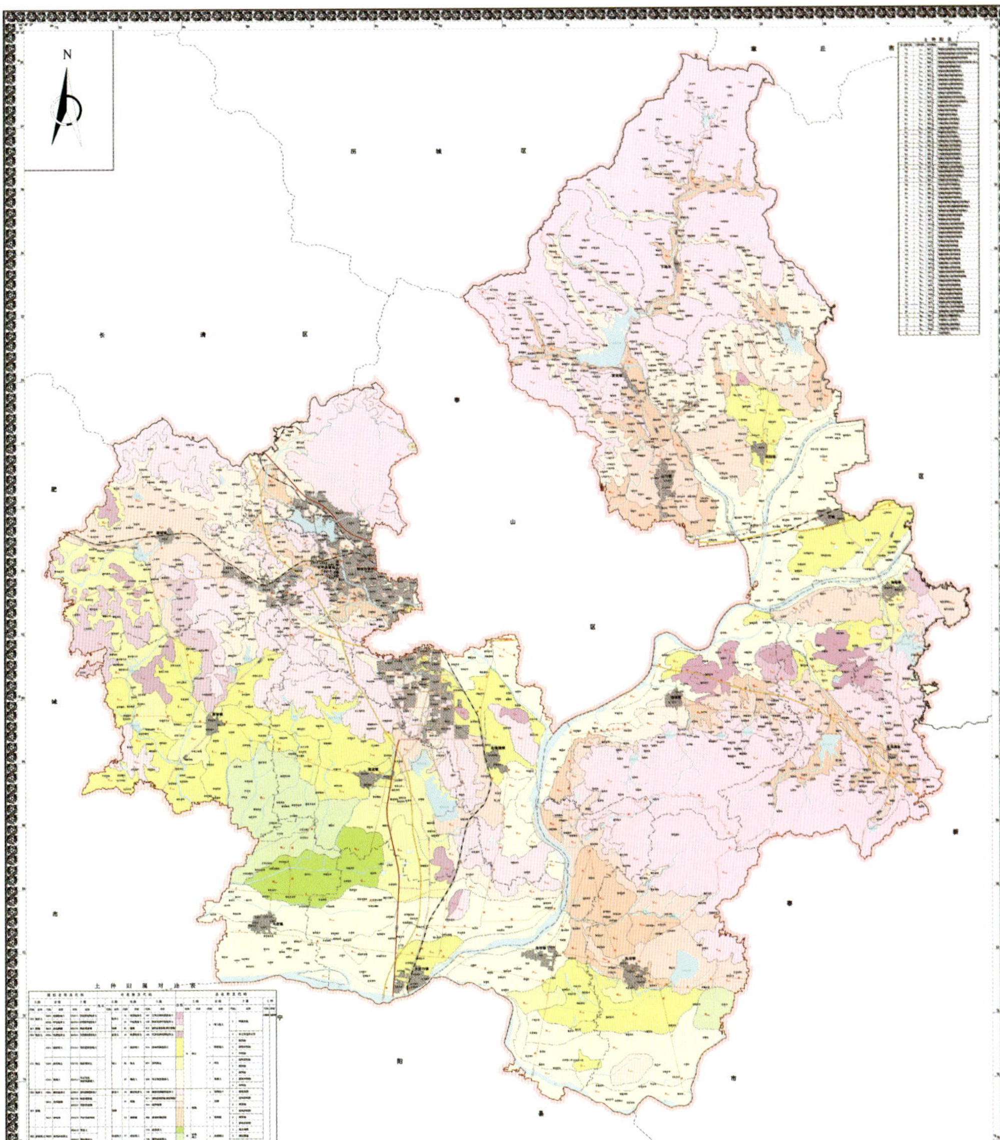

1954年北京坐标系 1956年黄海高程系

比例尺1:475000

山东天地亚太国土遥感有限公司
山东农业大学资源与环境学院 二〇〇九年十月

岱岳区坡度图

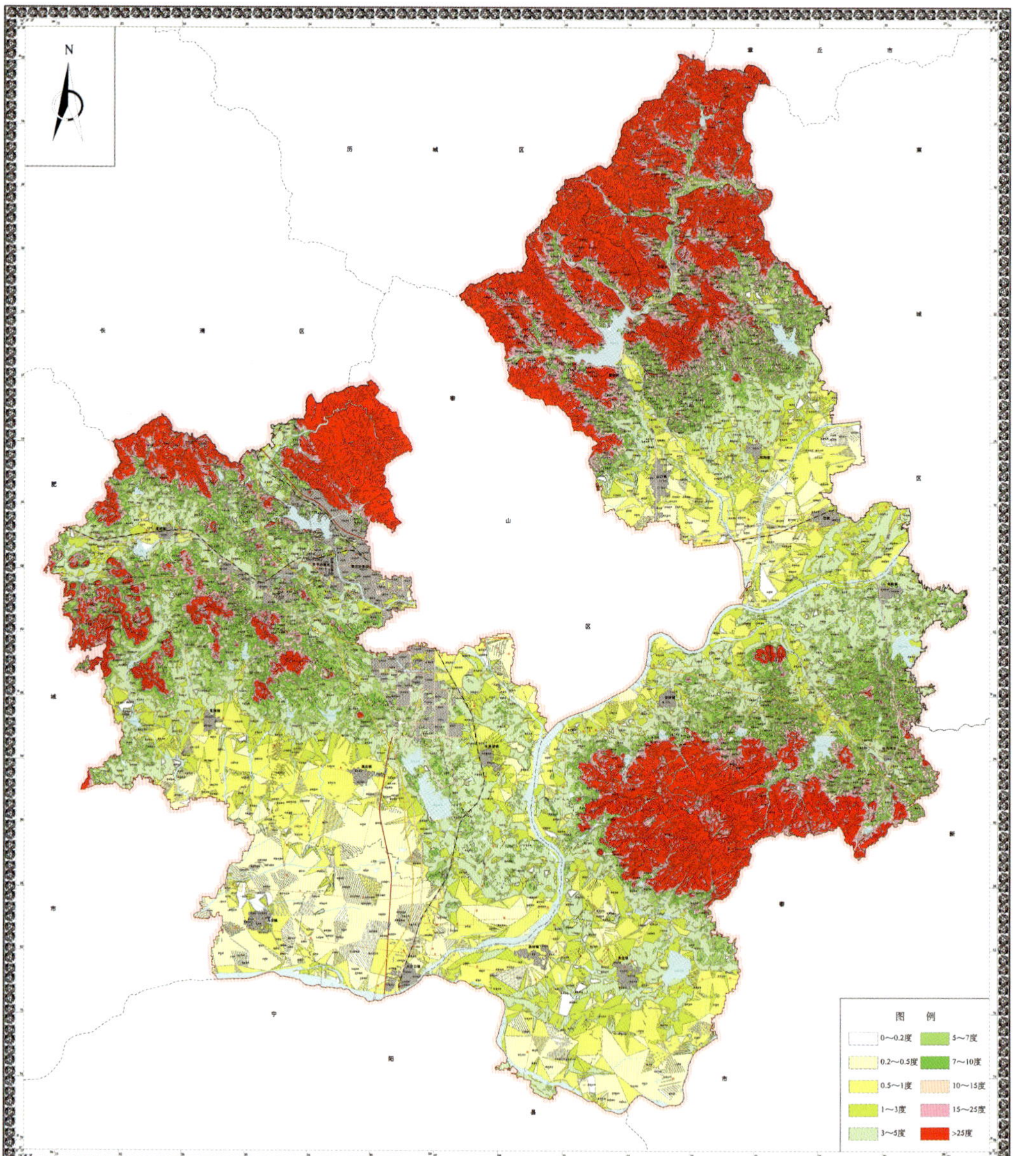

1954年北京坐标系 1956年黄海高程系　　比例尺1:475000　　山东天地亚太国土遥感有限公司 山东农业大学资源与环境学院 二〇〇九年十月

岱岳区耕地地力调查点点位图

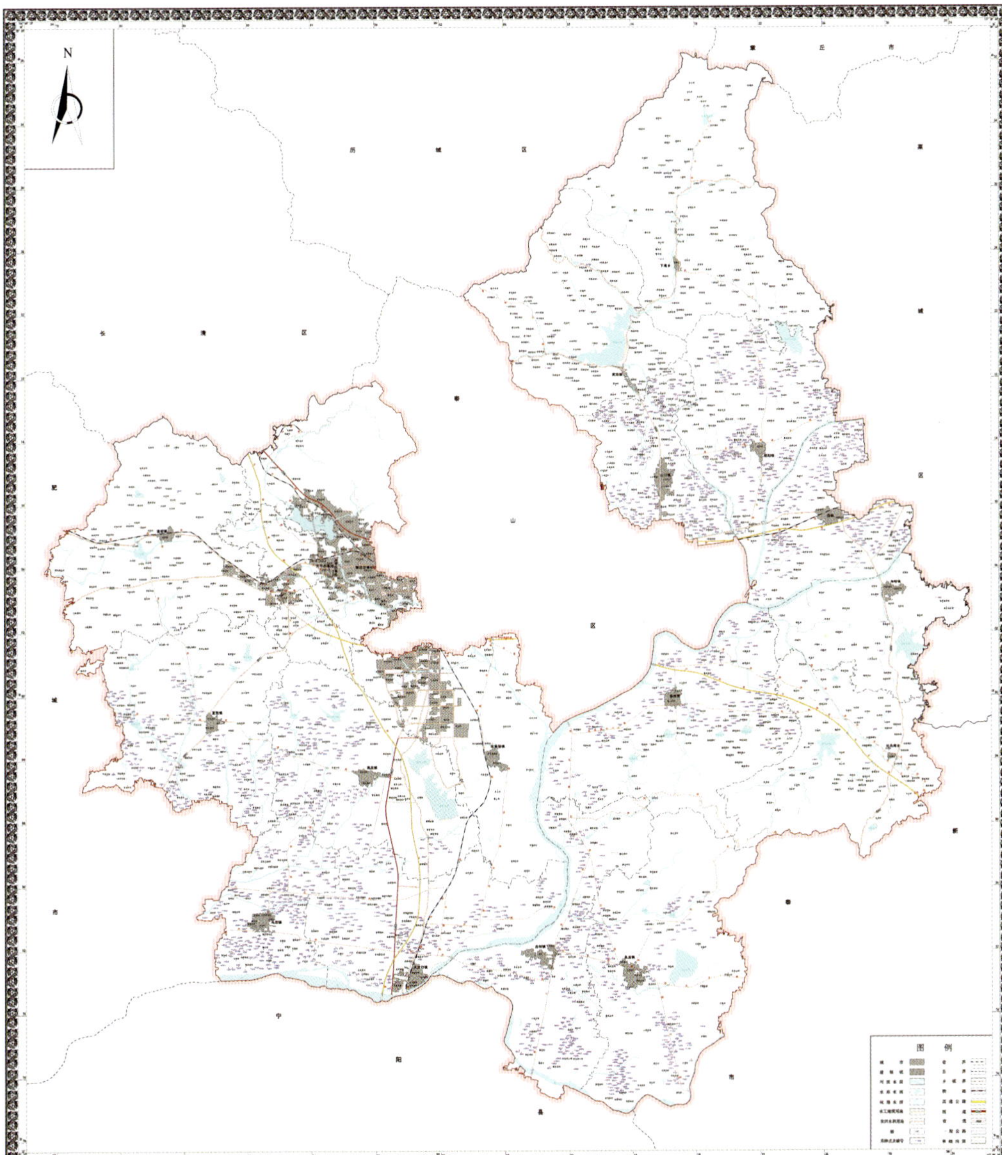

1954年北京坐标系 1956年黄海高程系

比例尺1:475000

山东天地亚太国土遥感有限公司
山东农业大学资源与环境学院 二〇〇九年十月

岱岳区灌溉分区图

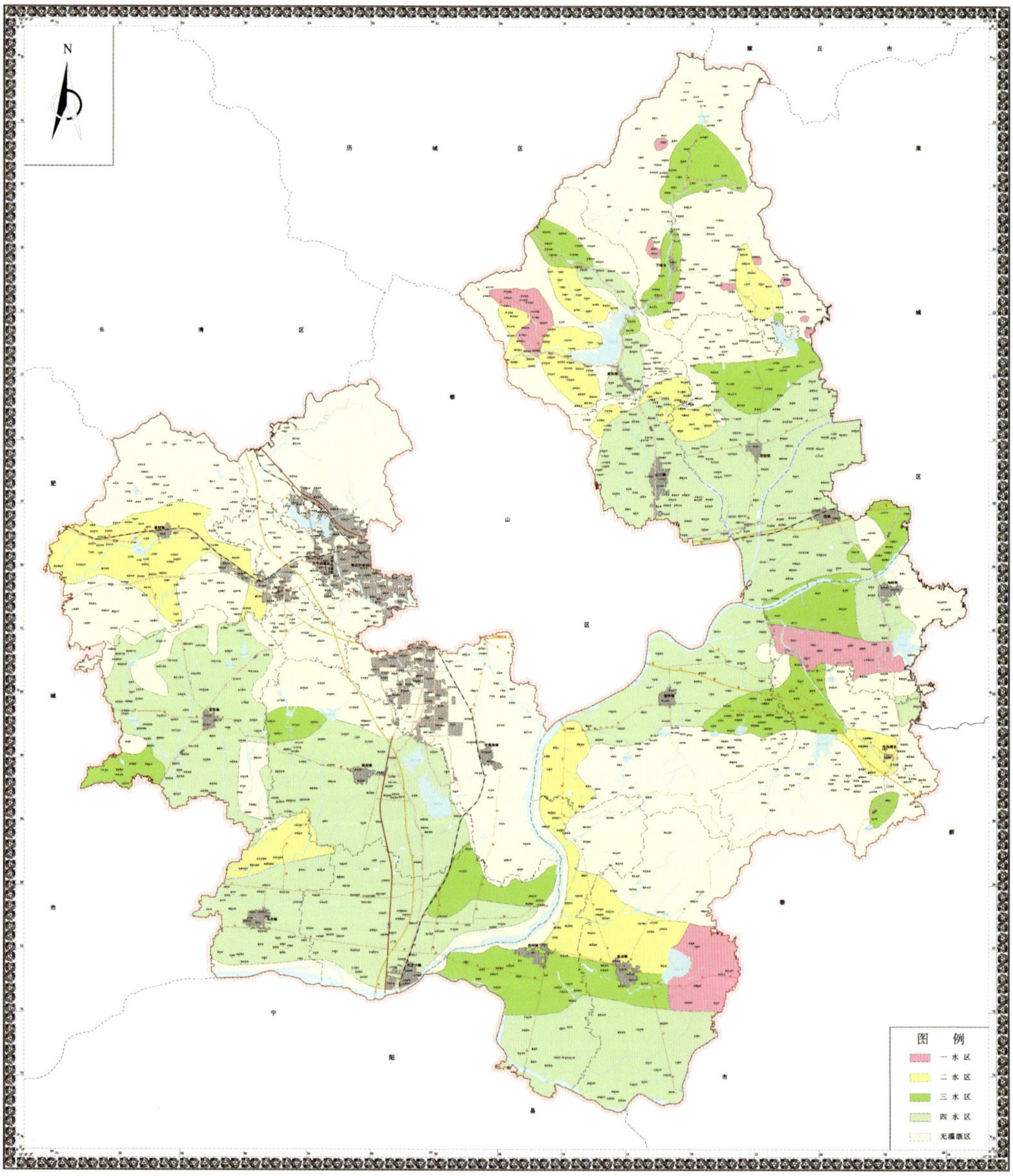

1954年北京坐标系 1956年黄海高程系

比例尺1:475000

山东天地亚太国土遥感有限公司
山东农业大学资源与环境学院 二〇〇九年十月

岱岳区土壤pH分布图

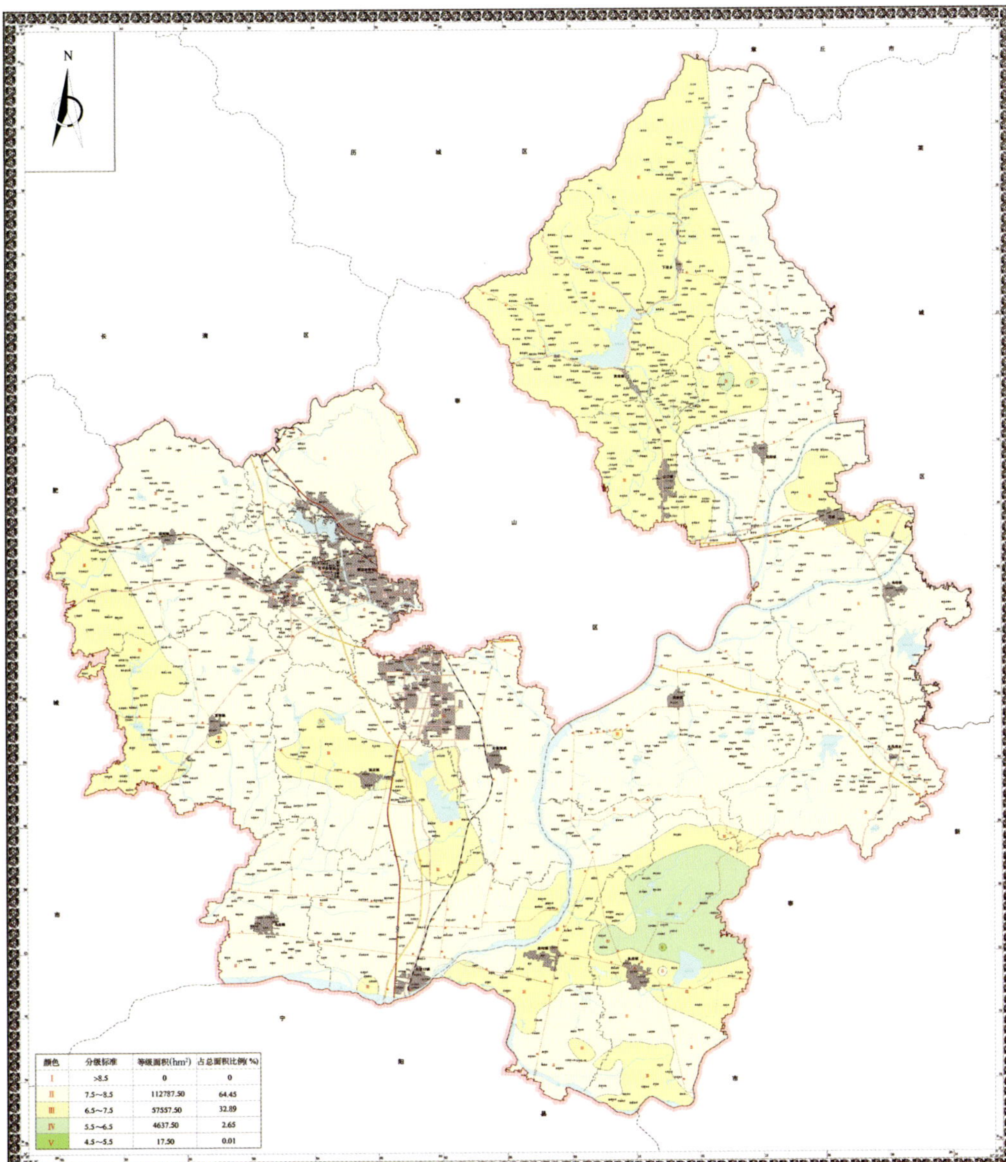

1954年北京坐标系 1956年黄海高程系　　比例尺1:475000　　山东天地亚太国土遥感有限公司 山东农业大学资源与环境学院 二〇〇九年十月

岱岳区耕地地力评价等级图

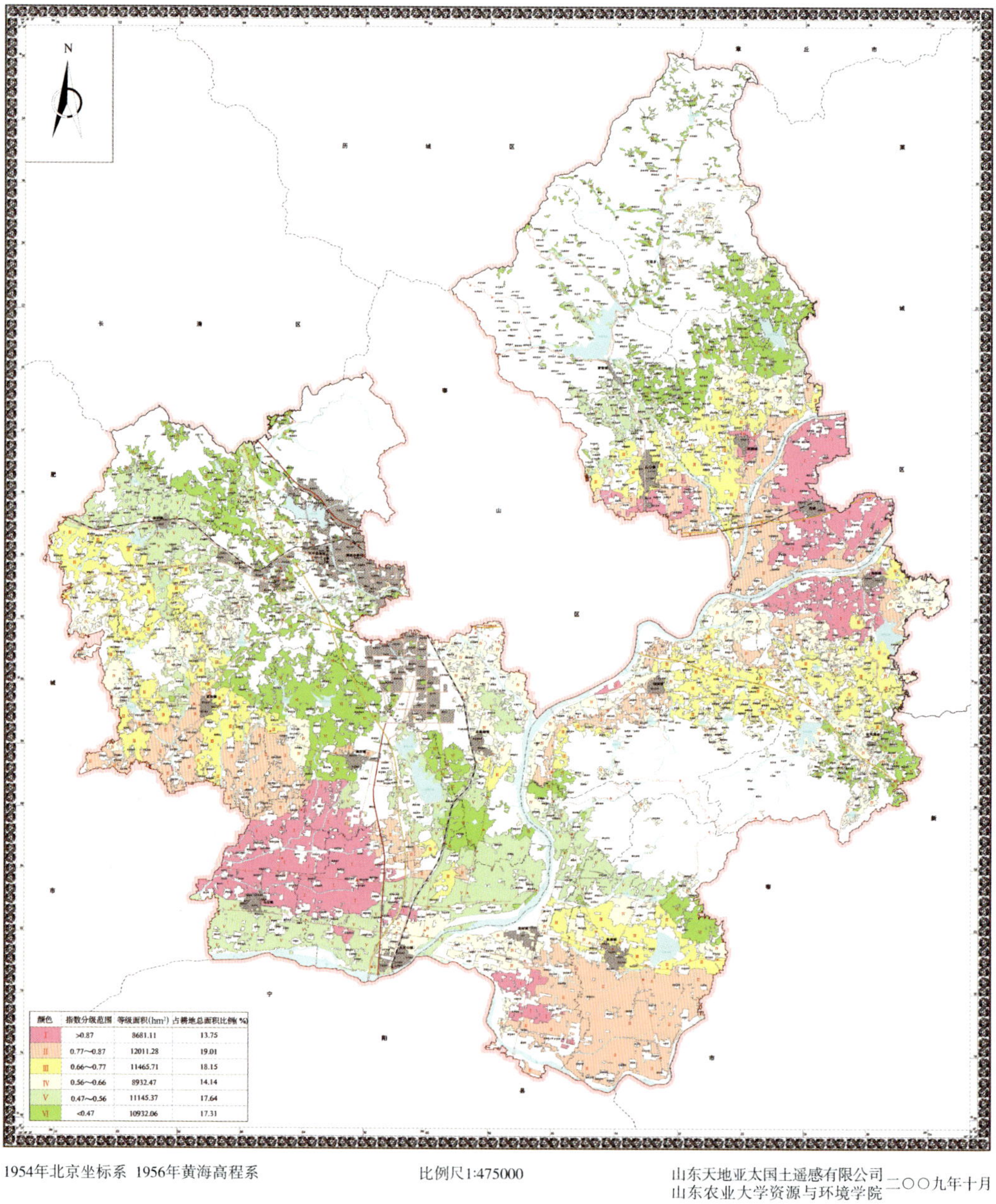

颜色	指数分级范围	等级面积(hm^2)	占耕地总面积比例(%)
I	>0.87	8681.11	13.75
II	0.77～0.87	12011.28	19.01
III	0.66～0.77	11465.71	18.15
IV	0.56～0.66	8932.47	14.14
V	0.47～0.56	11145.37	17.64
VI	<0.47	10932.06	17.31

1954年北京坐标系 1956年黄海高程系

比例尺1:475000

山东天地亚太国土遥感有限公司
山东农业大学资源与环境学院 二〇〇九年十月

岱岳区土壤缓效钾含量分布图

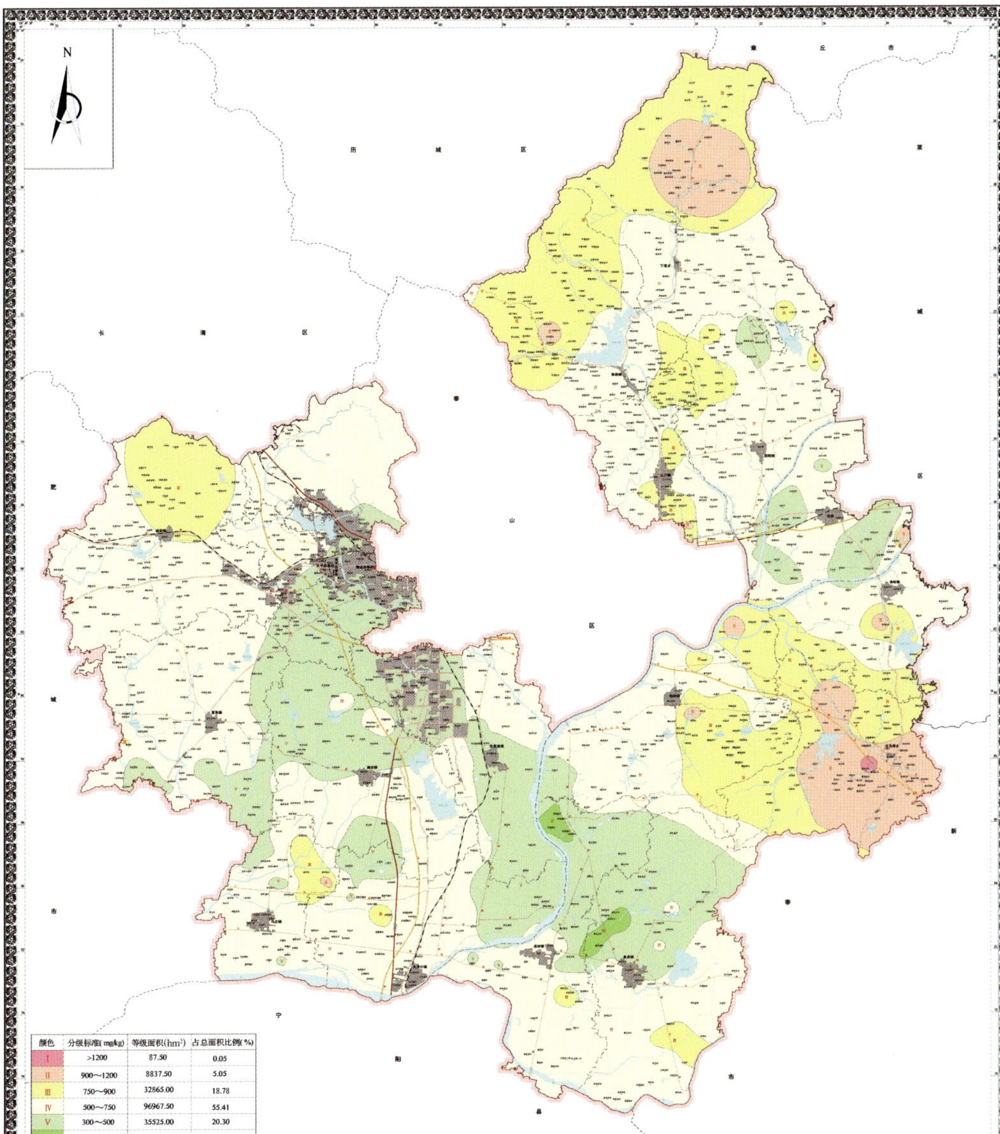

颜色	分级标准(mg/kg)	等级面积(hm^2)	占总面积比例(%)
Ⅰ	>1200	87.50	0.05
Ⅱ	900～1200	8837.50	5.05
Ⅲ	750～900	32865.00	18.78
Ⅳ	500～750	96967.50	55.41
Ⅴ	300～500	35525.00	20.30
Ⅵ	<300	717.50	0.41

1954年北京坐标系 1956年黄海高程系

比例尺1:475000

山东天地亚太国土遥感有限公司
山东农业大学资源与环境学院 二〇〇九年十月

岱岳区土壤碱解氮含量分布图

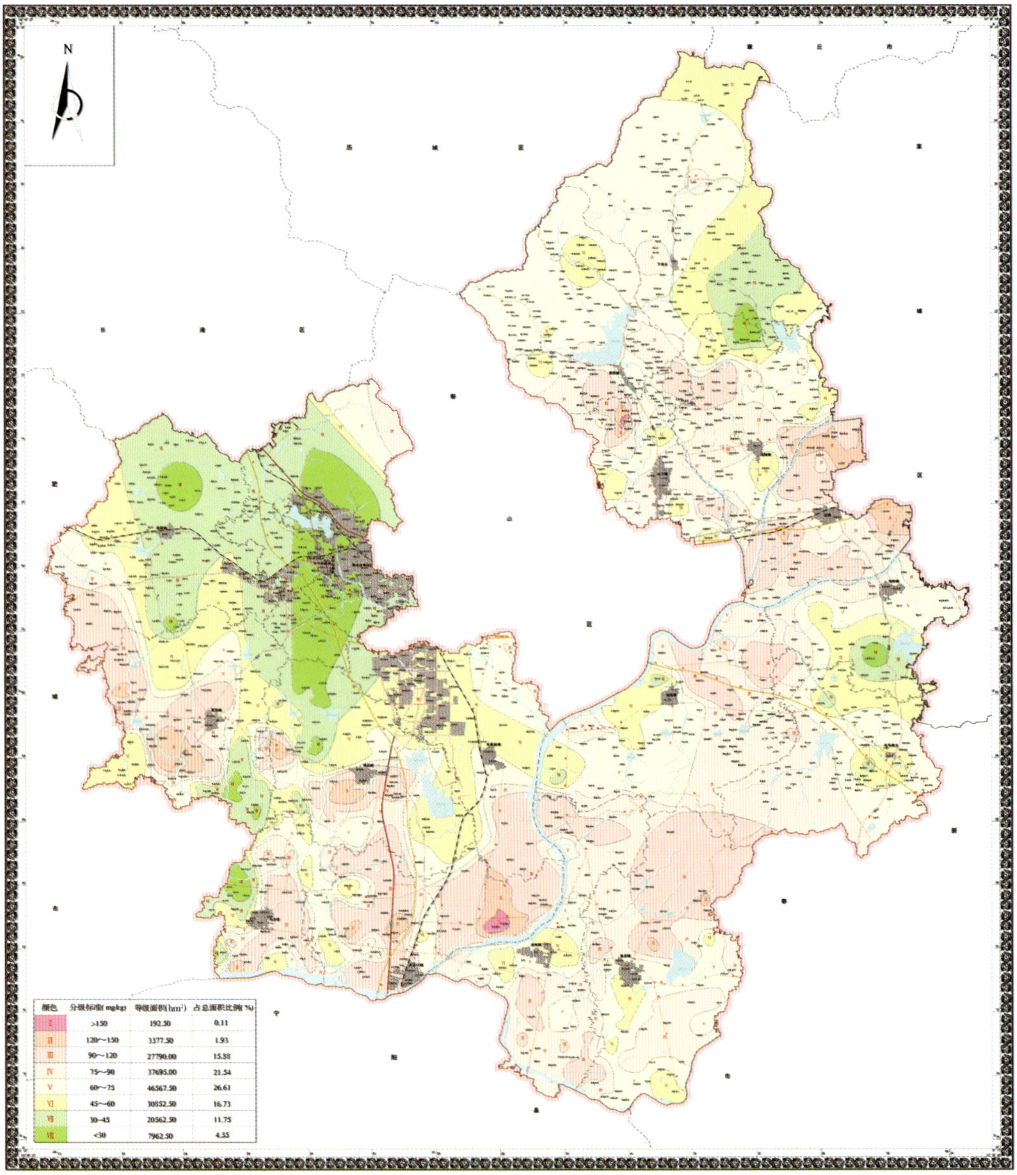

颜色	分级标准(mg/kg)	等级面积(hm²)	占总面积比例(%)
Ⅰ	>150	192.50	0.11
Ⅱ	120～150	3377.50	1.93
Ⅲ	90～120	27790.00	15.88
Ⅳ	75～90	37695.00	21.54
Ⅴ	60～75	46567.50	26.61
Ⅵ	45～60	30852.50	16.73
Ⅶ	30~45	20562.50	11.75
Ⅷ	<30	7962.50	4.55

1954年北京坐标系 1956年黄海高程系　　比例尺1:475000　　山东天地亚太国土遥感有限公司 山东农业大学资源与环境学院 二〇〇九年十月

岱岳区土壤交换性钙含量分布图

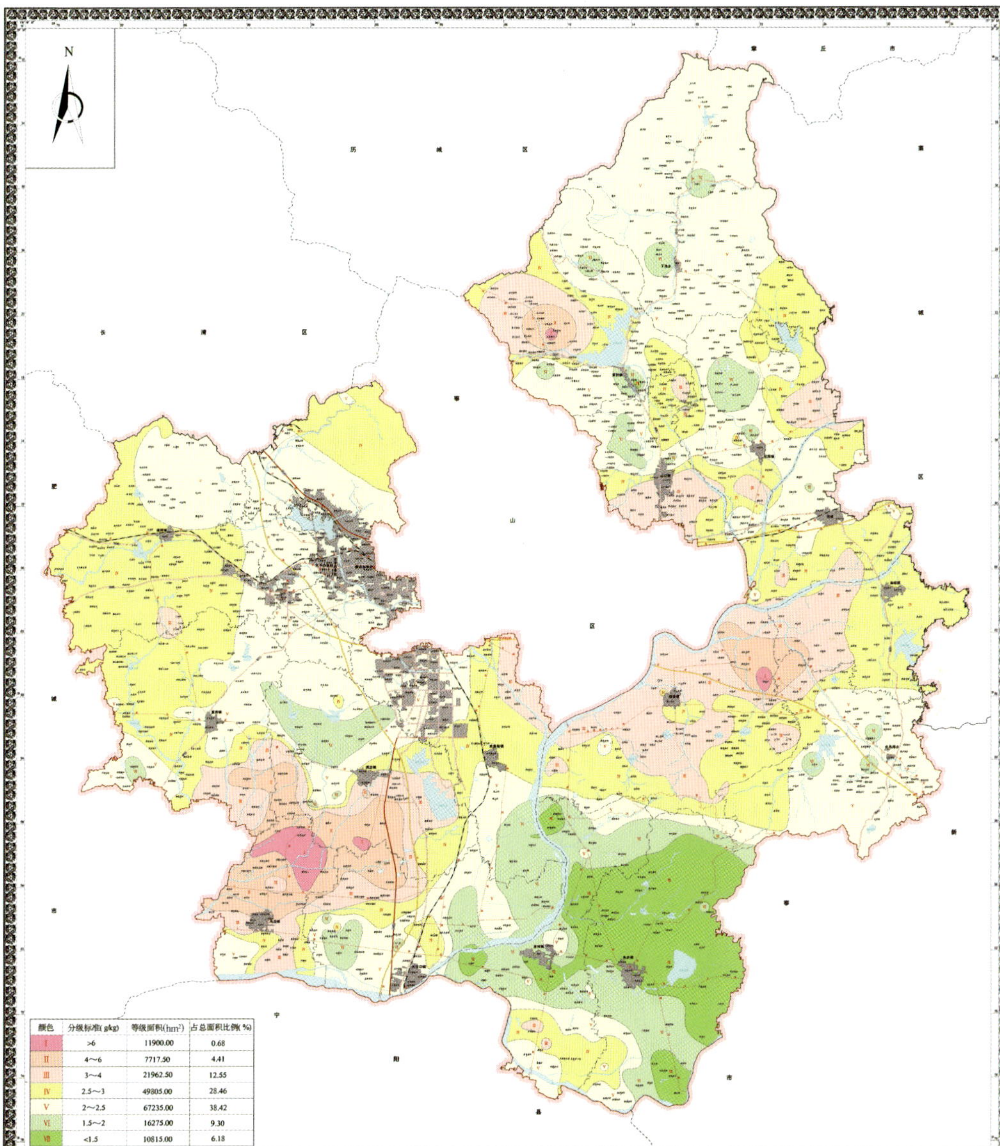

颜色	分级标准(g/kg)	等级面积(hm²)	占总面积比例(%)
Ⅰ	>6	11900.00	0.68
Ⅱ	4～6	7717.50	4.41
Ⅲ	3～4	21962.50	12.55
Ⅳ	2.5～3	49805.00	28.46
Ⅴ	2～2.5	67235.00	38.42
Ⅵ	1.5～2	16275.00	9.30
Ⅶ	<1.5	10815.00	6.18

1954年北京坐标系 1956年黄海高程系　　比例尺1:475000　　山东天地亚太国土遥感有限公司 山东农业大学资源与环境学院 二○○九年十月

岱岳区土壤交换性镁含量分布图

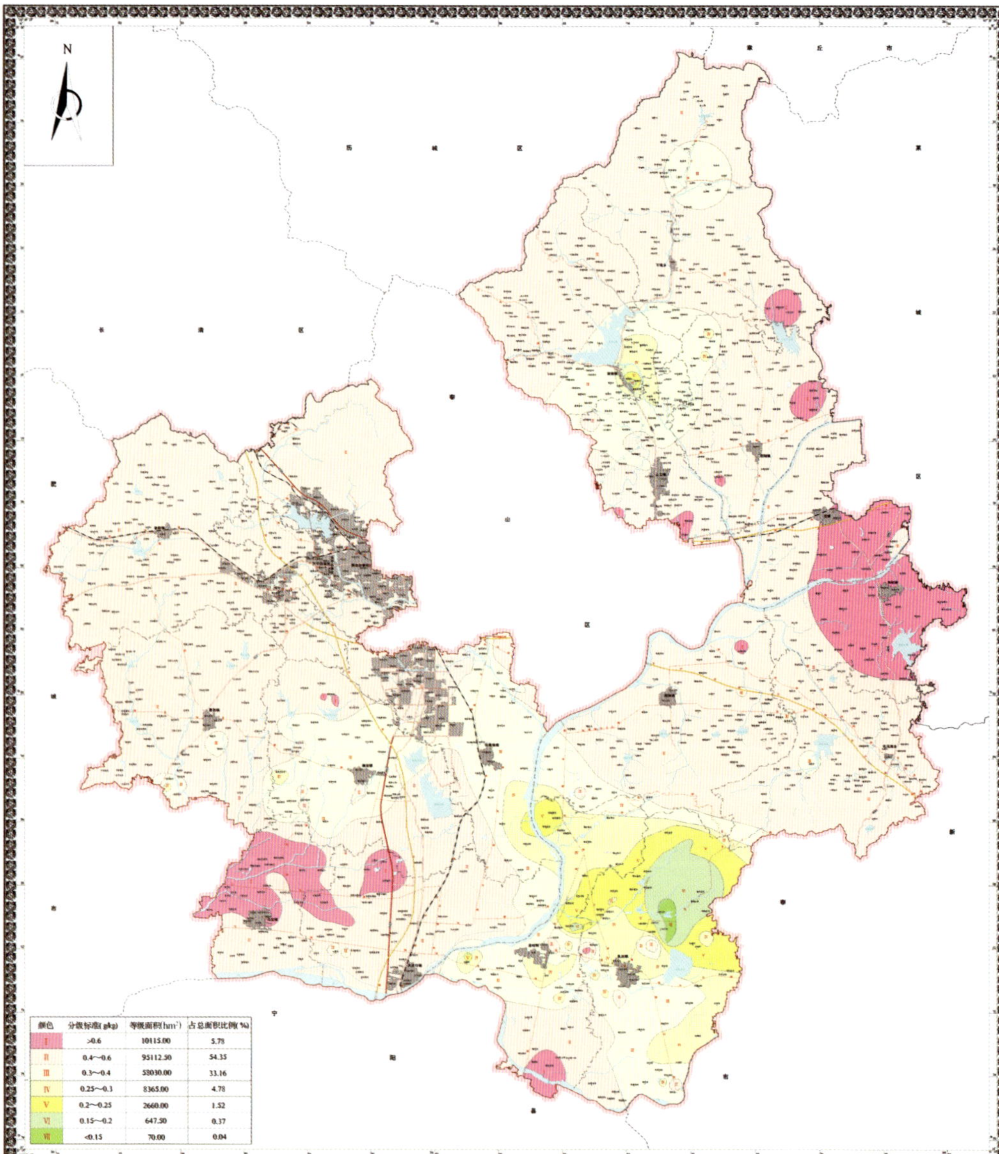

颜色	分级标准(g/kg)	等级面积(hm²)	占总面积比例(%)
Ⅰ	>0.6	10115.00	5.78
Ⅱ	0.4～0.6	95112.50	54.35
Ⅲ	0.3～0.4	58030.00	33.16
Ⅳ	0.25～0.3	8365.00	4.78
Ⅴ	0.2～0.25	2660.00	1.52
Ⅵ	0.15～0.2	647.50	0.37
Ⅶ	<0.15	70.00	0.04

1954年北京坐标系 1956年黄海高程系　　比例尺1:475000　　山东天地亚太国土遥感有限公司 山东农业大学资源与环境学院 二〇〇九年十月

岱岳区土壤全氮含量分布图

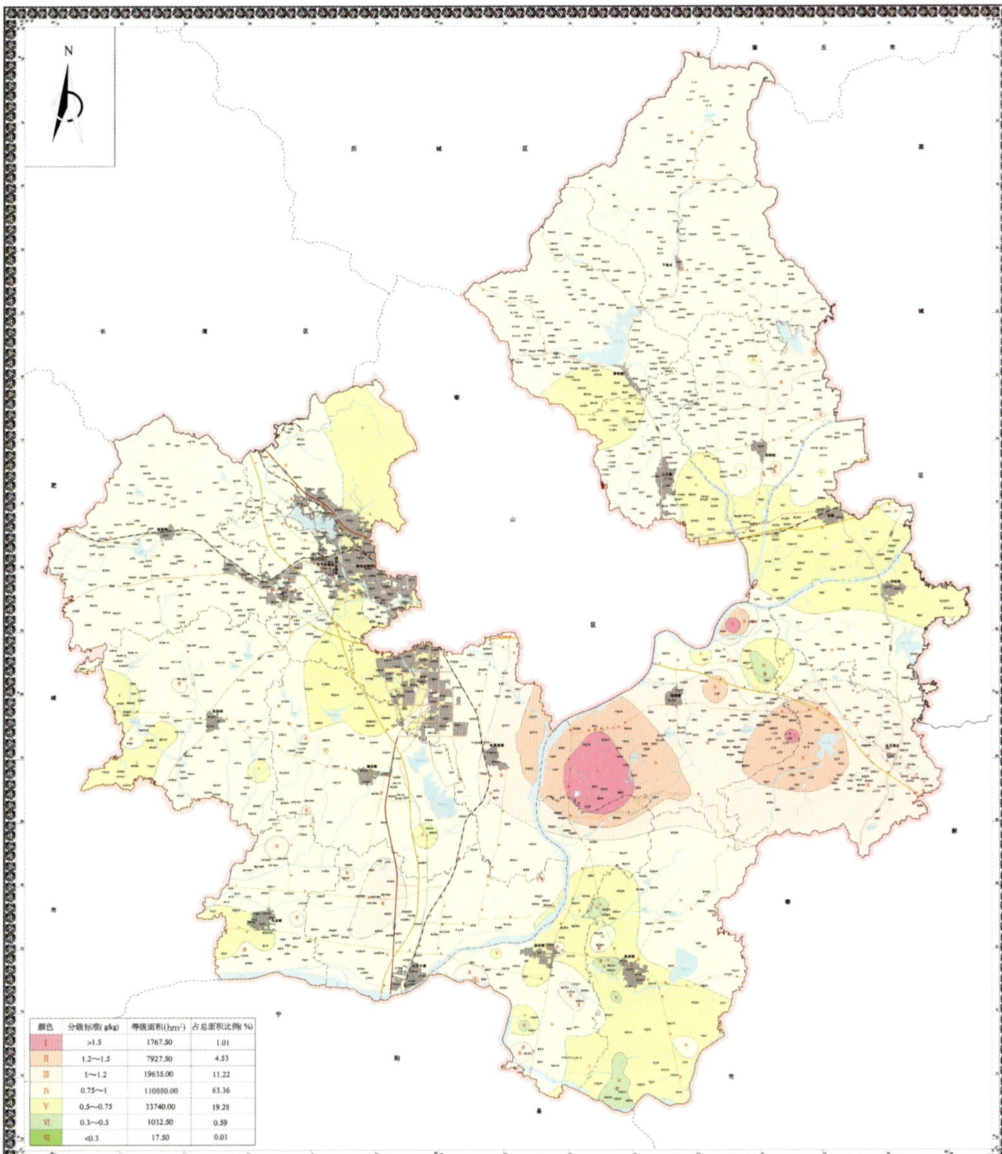

颜色	分级标准(g/kg)	等级面积(hm²)	占总面积比例(%)
Ⅰ	>1.5	1767.50	1.01
Ⅱ	1.2～1.5	7927.50	4.53
Ⅲ	1～1.2	19635.00	11.22
Ⅳ	0.75～1	110880.00	63.36
Ⅴ	0.5～0.75	33740.00	19.28
Ⅵ	0.3～0.5	1032.50	0.59
Ⅶ	<0.3	17.50	0.01

1954年北京坐标系 1956年黄海高程系　　比例尺1:475000　　山东天地亚太国土遥感有限公司 山东农业大学资源与环境学院 二〇〇九年十月

岱岳区土壤速效钾含量分布图

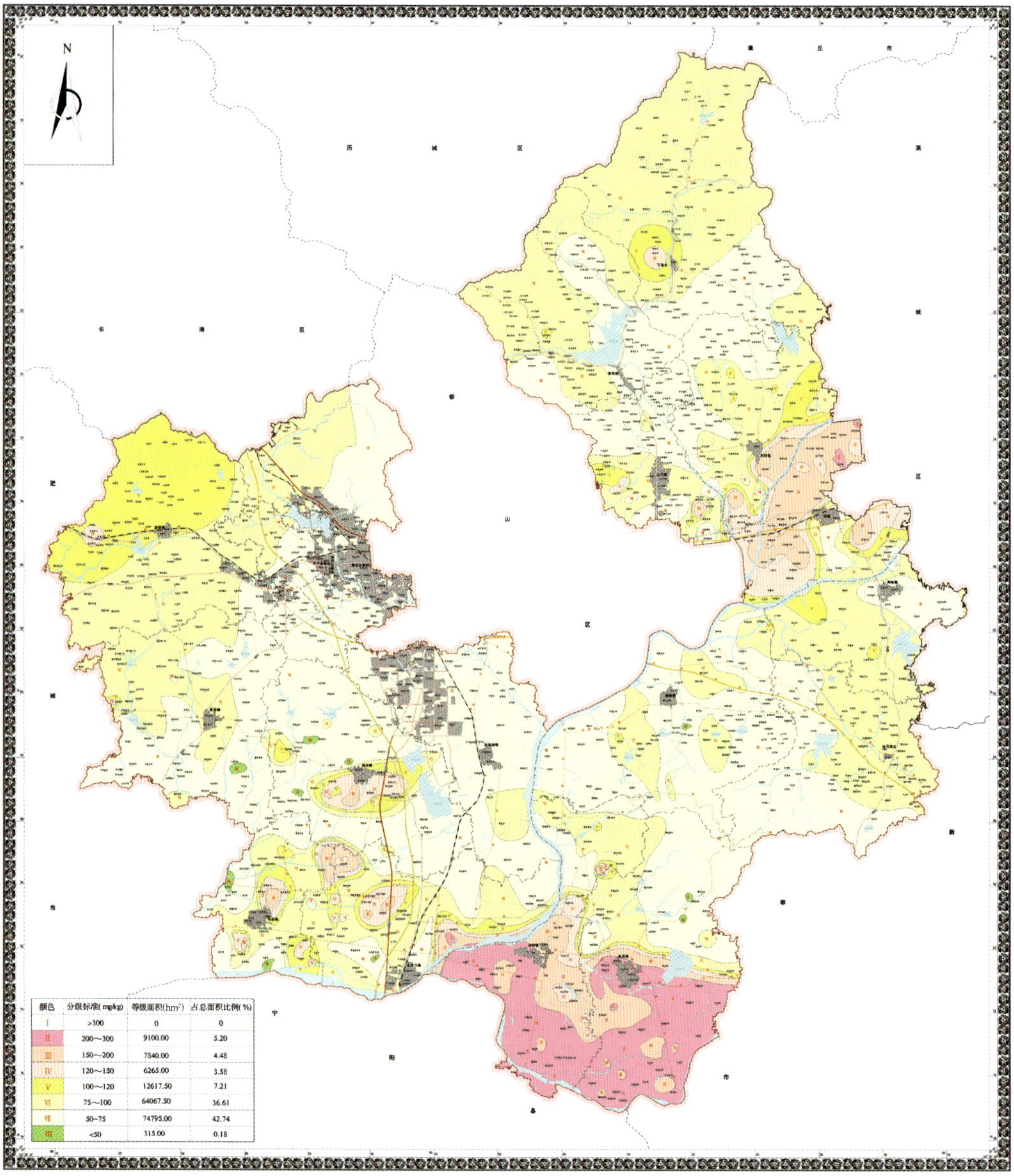

颜色	分级标准(mg/kg)	等级面积(hm²)	占总面积比例(%)
I	>300	0	0
II	200～300	9100.00	5.20
III	150～200	7840.00	4.48
IV	120～150	6265.00	3.58
V	100～120	12617.50	7.21
VI	75～100	64067.50	36.61
VII	50~75	74795.00	42.74
VIII	<50	315.00	0.18

1954年北京坐标系 1956年黄海高程系　　比例尺1:475000　　山东天地亚太国土遥感有限公司 山东农业大学资源与环境学院 二〇〇九年十月

岱岳区土壤有机质含量分布图

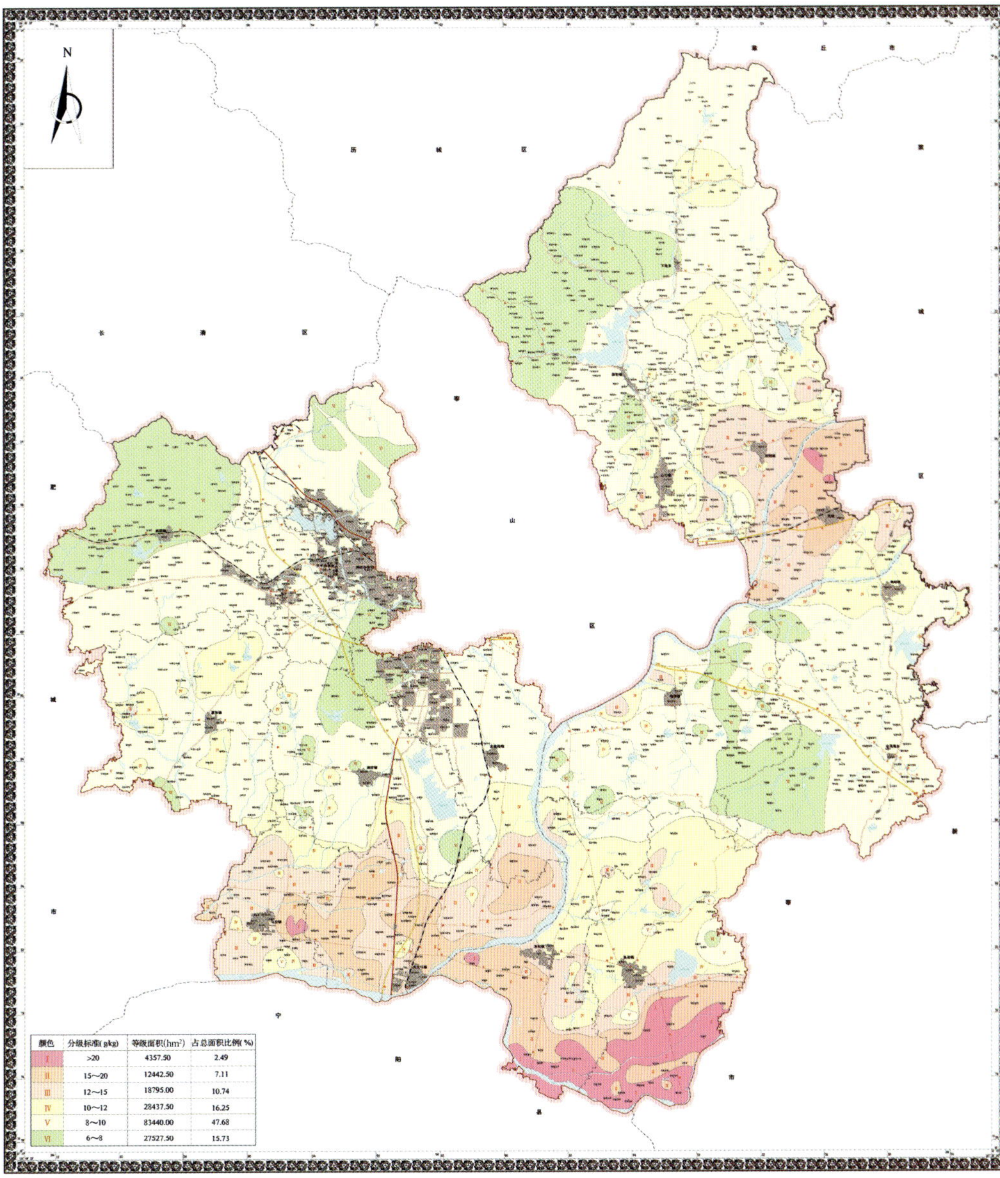

颜色	分级标准(g/kg)	等级面积(hm^2)	占总面积比例(%)
Ⅰ	>20	4357.50	2.49
Ⅱ	15～20	12442.50	7.11
Ⅲ	12～15	18795.00	10.74
Ⅳ	10～12	28437.50	16.25
Ⅴ	8～10	83440.00	47.68
Ⅵ	6～8	27527.50	15.73

1954年北京坐标系 1956年黄海高程系　　比例尺1:475000　　山东天地亚太国土遥感有限公司 山东农业大学资源与环境学院 二〇〇九年十月

岱岳区土壤有效磷含量分布图

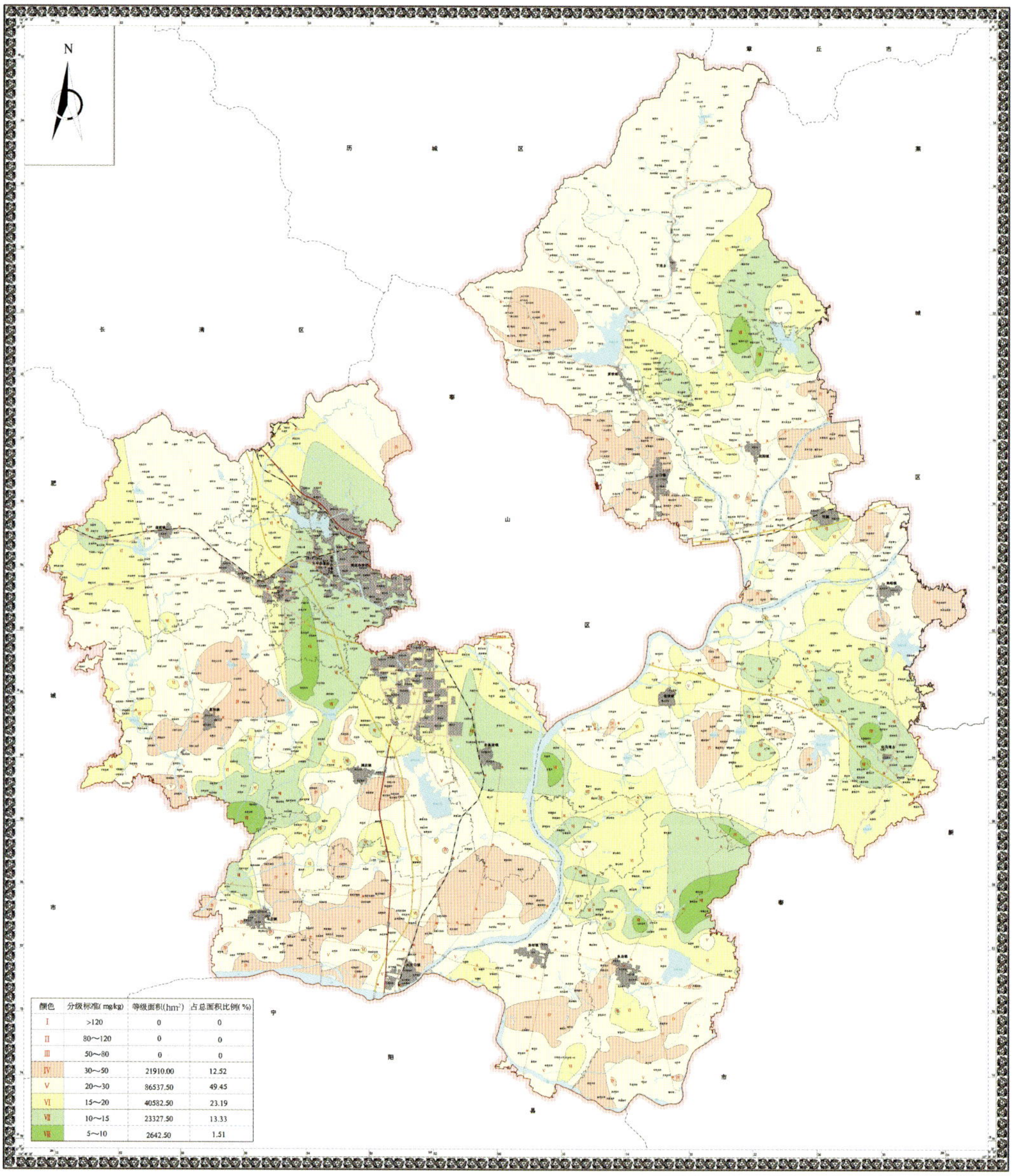

颜色	分级标准(mg/kg)	等级面积(hm²)	占总面积比例(%)
Ⅰ	>120	0	0
Ⅱ	80～120	0	0
Ⅲ	50～80	0	0
Ⅳ	30～50	21910.00	12.52
Ⅴ	20～30	86537.50	49.45
Ⅵ	15～20	40582.50	23.19
Ⅶ	10～15	23327.50	13.33
Ⅷ	5～10	2642.50	1.51

1954年北京坐标系 1956年黄海高程系　　比例尺1:475000　　山东天地亚太国土遥感有限公司 山东农业大学资源与环境学院 二〇〇九年十月

岱岳区土壤有效硫含量分布图

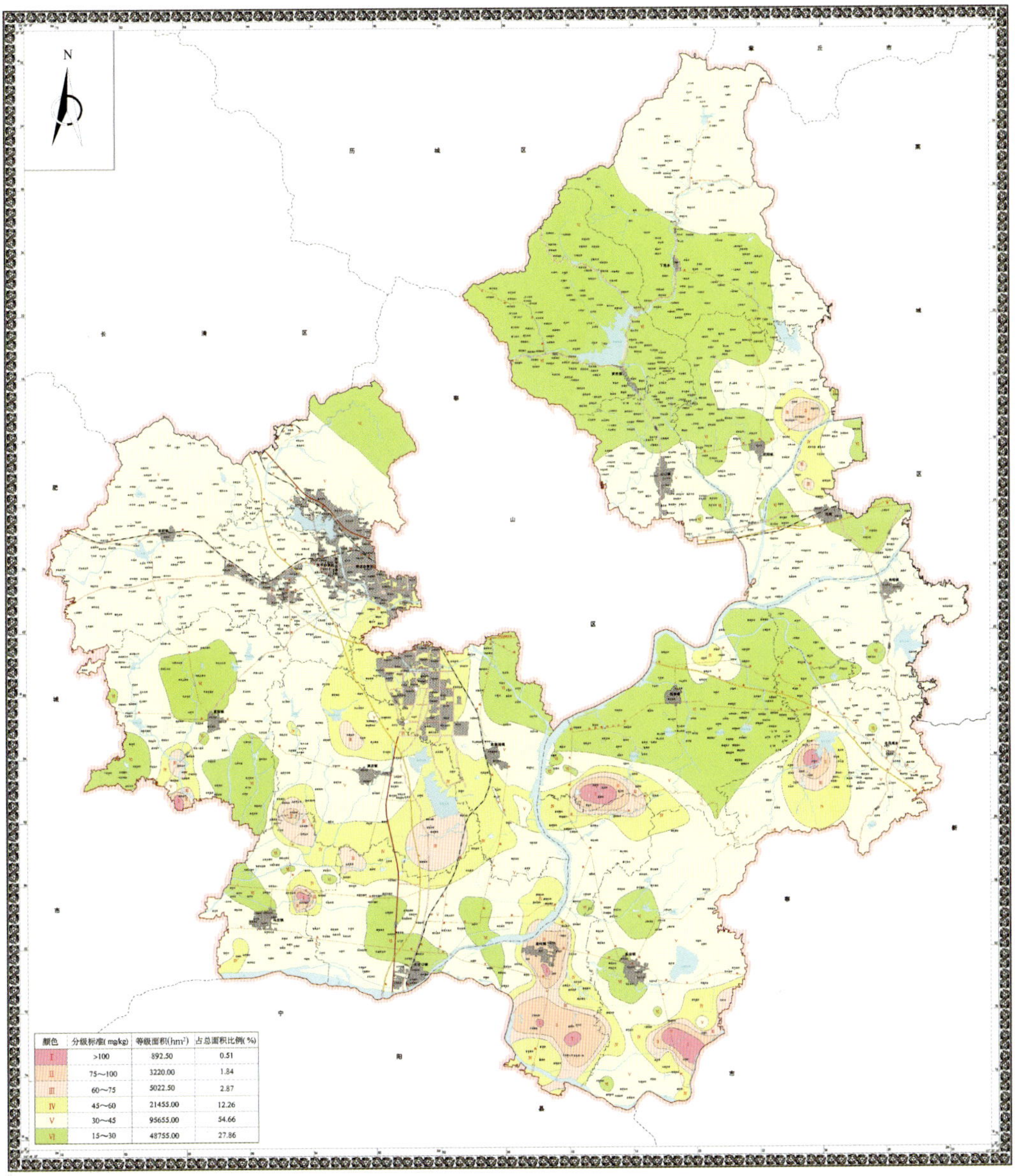

颜色	分级标准(mg/kg)	等级面积(hm^2)	占总面积比例(%)
Ⅰ	>100	892.50	0.51
Ⅱ	75～100	3220.00	1.84
Ⅲ	60～75	5022.50	2.87
Ⅳ	45～60	21455.00	12.26
Ⅴ	30～45	95655.00	54.66
Ⅵ	15～30	48755.00	27.86

1954年北京坐标系 1956年黄海高程系

比例尺1:475000

山东天地亚太国土遥感有限公司
山东农业大学资源与环境学院 二〇〇九年十月

岱岳区土壤有效锰含量分布图

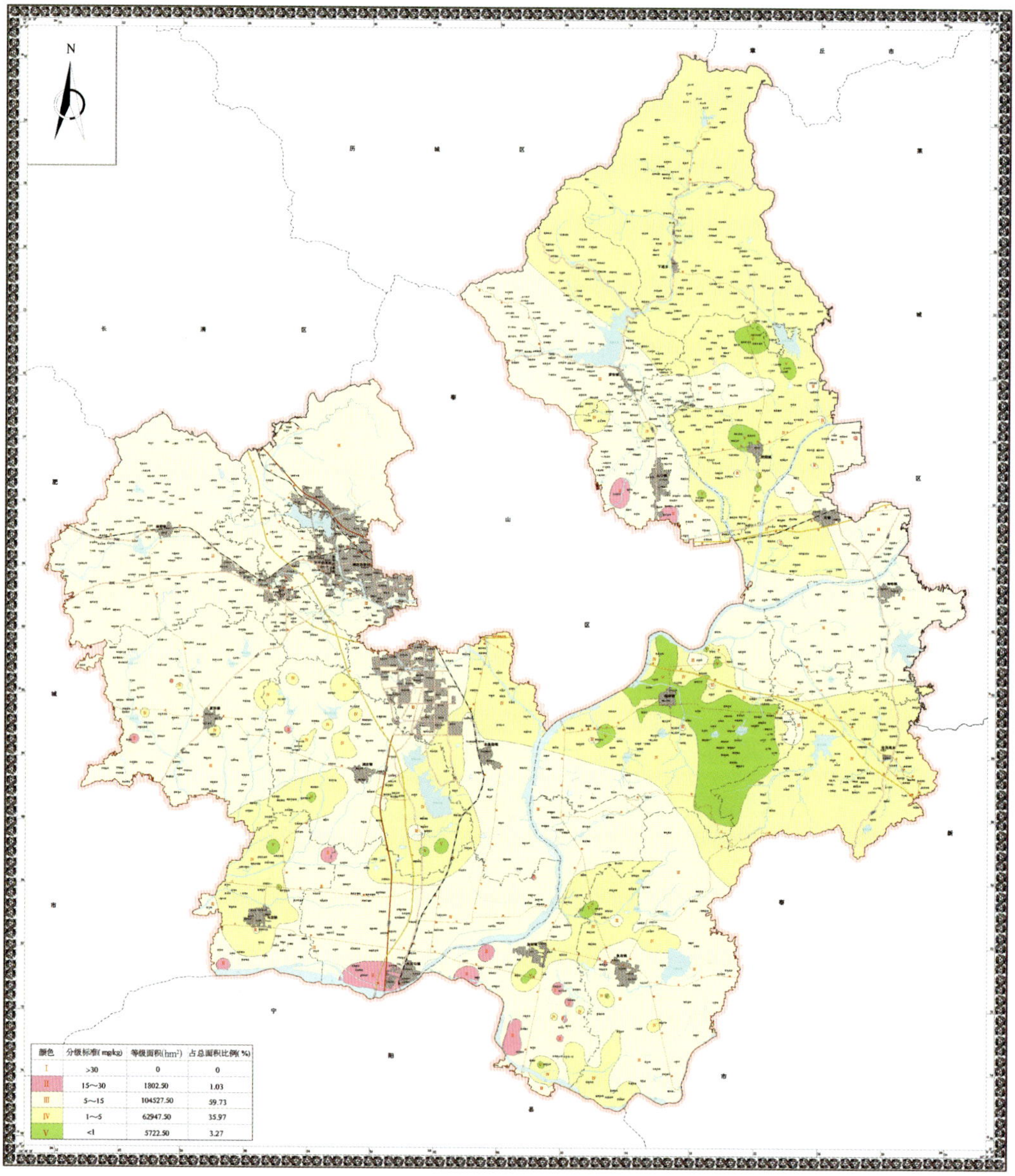

颜色	分级标准(mg/kg)	等级面积(hm²)	占总面积比例(%)
Ⅰ	>30	0	0
Ⅱ	15～30	1802.50	1.03
Ⅲ	5～15	104527.50	59.73
Ⅳ	1～5	62947.50	35.97
Ⅴ	<1	5722.50	3.27

1954年北京坐标系 1956年黄海高程系

比例尺1:475000

山东天地亚太国土遥感有限公司
山东农业大学资源与环境学院 二〇〇九年十月

岱岳区土壤有效硼含量分布图

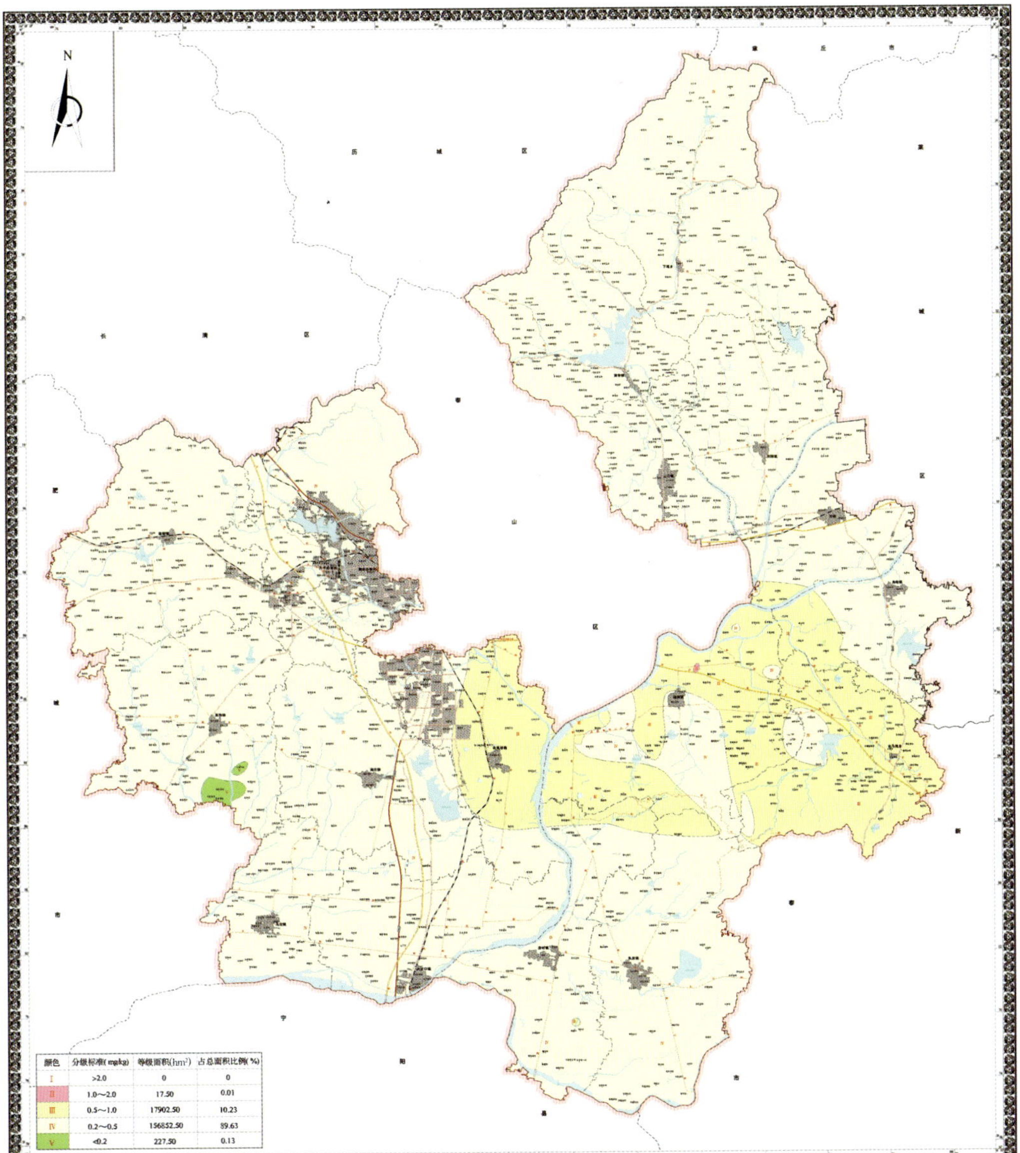

颜色	分级标准(mg/kg)	等级面积(hm^2)	占总面积比例(%)
Ⅰ	>2.0	0	0
Ⅱ	1.0～2.0	17.50	0.01
Ⅲ	0.5～1.0	17902.50	10.23
Ⅳ	0.2～0.5	156852.50	89.63
Ⅴ	<0.2	227.50	0.13

1954年北京坐标系 1956年黄海高程系　　比例尺1:475000　　山东天地亚太国土遥感有限公司
山东农业大学资源与环境学院 二〇〇九年十月

岱岳区土壤有效铁含量分布图

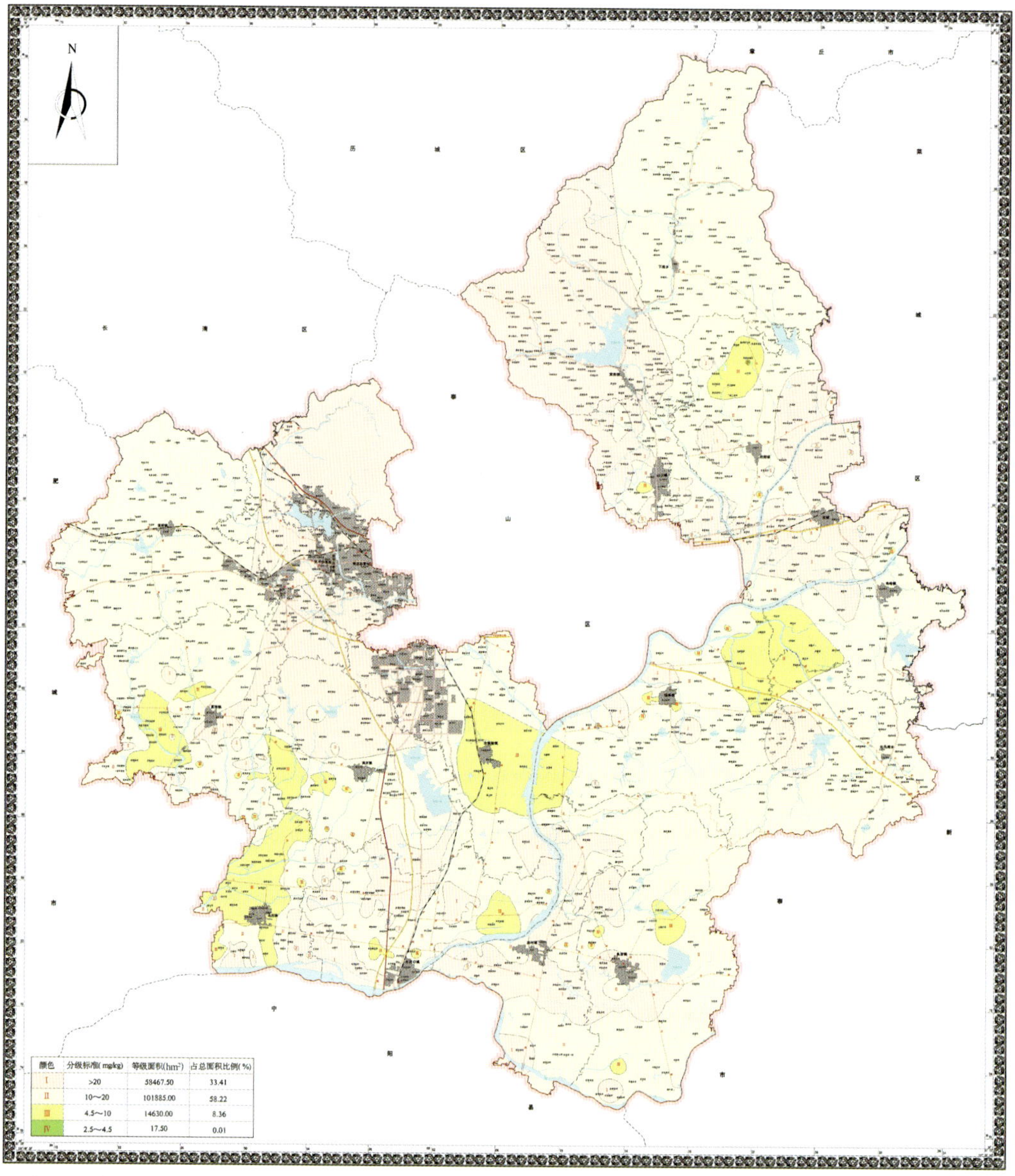

颜色	分级标准(mg/kg)	等级面积(hm^2)	占总面积比例(%)
I	>20	58467.50	33.41
II	10～20	101885.00	58.22
III	4.5～10	14630.00	8.36
IV	2.5～4.5	17.50	0.01

1954年北京坐标系 1956年黄海高程系　　比例尺1:475000　　山东天地亚太国土遥感有限公司 山东农业大学资源与环境学院 二〇〇九年十月

岱岳区土壤有效铜含量分布图

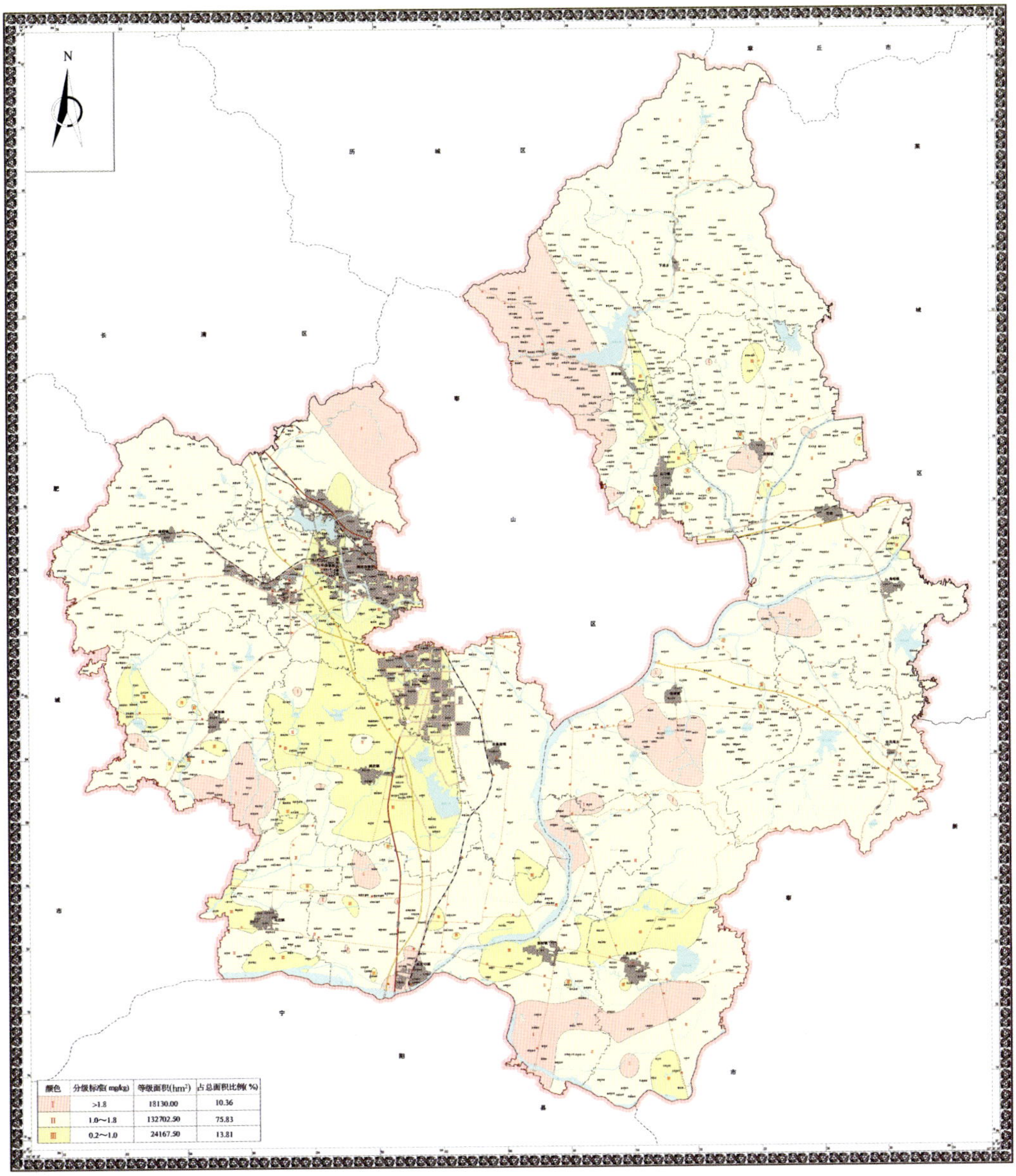

1954年北京坐标系 1956年黄海高程系　　比例尺1:475000　　山东天地亚太国土遥感有限公司 山东农业大学资源与环境学院 二〇〇九年十月

岱岳区土壤有效锌含量分布图

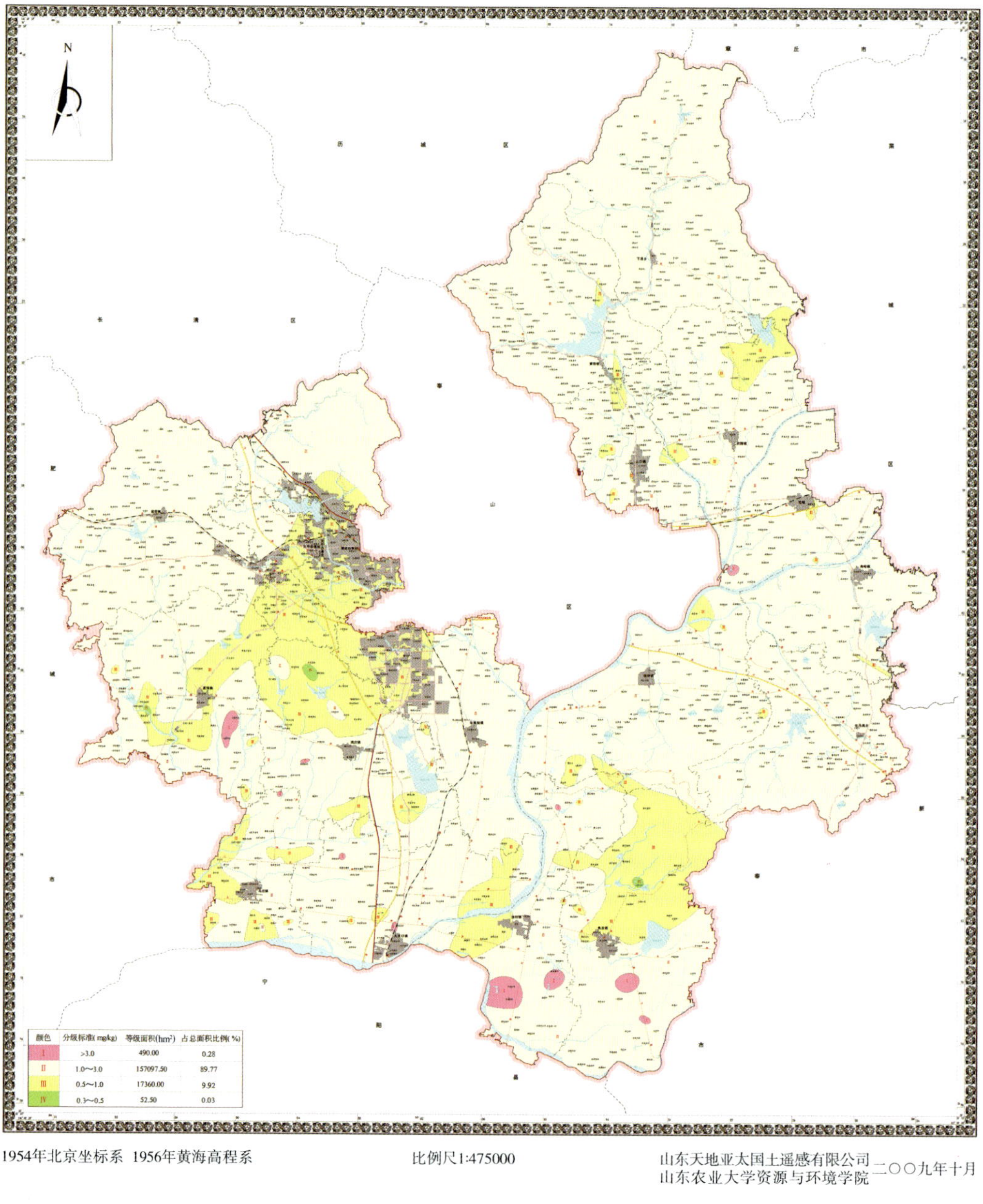

颜色	分级标准(mg/kg)	等级面积(hm²)	占总面积比例(%)
Ⅰ	>3.0	490.00	0.28
Ⅱ	1.0～3.0	157097.50	89.77
Ⅲ	0.5～1.0	17360.00	9.92
Ⅳ	0.3～0.5	52.50	0.03

1954年北京坐标系 1956年黄海高程系

比例尺1:475000

山东天地亚太国土遥感有限公司
山东农业大学资源与环境学院 二〇〇九年十月

图书在版编目(CIP)数据

岱岳耕地/马文丽,王鹏主编. —济南:山东大学出版社,2014.5
ISBN 978-7-5607-5034-7

Ⅰ. ①岱…
Ⅱ. ①马…　②王…
Ⅲ. ①区(城市)—耕地资源—资源评价—泰安市
Ⅳ. ①F323.211

中国版本图书馆 CIP 数据核字(2014)第 100308 号

责任策划:赵　岩
责任编辑:李　港
封面设计:张　荔

出版发行:山东大学出版社
　　社　　址　山东省济南市山大南路 20 号
　　邮　　编　250100
　　电　　话　市场部(0531)88364466
经　　销:山东省新华书店
印　　刷:山东鸿杰印务集团有限公司
规　　格:787 毫米×1092 毫米　1/16
　　　　　9 印张　12 插页　222 千字
版　　次:2014 年 5 月第 1 版
印　　次:2014 年 5 月第 1 次印刷
定　　价:40.00 元